肌肉训练完全图解

力量与体能训练

Anatomy of Strength&Conditioning

Hollis Lance Liebman

【美】霍利斯·兰斯·利伯曼 著 杨溪 译

人民邮电出版社

北京

图书在版编目（CIP）数据

力量与体能训练 /（美）利伯曼（Liebman, H. L.）著；
杨溪译. -- 北京：人民邮电出版社，2015.1
（肌肉训练完全图解）
ISBN 978-7-115-37002-0

Ⅰ. ①力… Ⅱ. ①利… ②杨… Ⅲ. ①肌肉—力量训
练—图解 Ⅳ. ①G808.14-64

中国版本图书馆CIP数据核字(2014)第236884号

内 容 提 要

　　力量与体能训练的目的不仅在于帮助你举起更重的东西，更在于以更好的姿势做到这一点，即力量的增强与方法的使用得当。盲目训练力量可能会导致运动损伤，本书的目的在于平衡且综合地锻炼及使用肌肉，通过一组一组肌肉的组合锻炼达到这一目的。

◆ 著　　　[美]霍利斯·兰斯·利伯曼（Hollis Lance Liebman）
　　译　　　杨　溪
　　责任编辑　恭竟平
　　责任印制　周昇亮
◆ 人民邮电出版社出版发行　　北京市丰台区成寿寺路 11 号
　　邮编　100164　　电子邮件　315@ptpress.com.cn
　　网址　http://www.ptpress.com.cn
　　固安县铭成印刷有限公司印刷
◆ 开本：700×1000　1/16
　　印张：10　　　　　　　　2015 年 1 月第 1 版
　　字数：230 千字　　　　　2025 年 8 月河北第 34 次印刷
　　著作权合同登记号　图字：01-2014-4366 号

定价：48.00 元

读者服务热线：(010)81055296　印装质量热线：(010)81055316
反盗版热线：(010)81055315

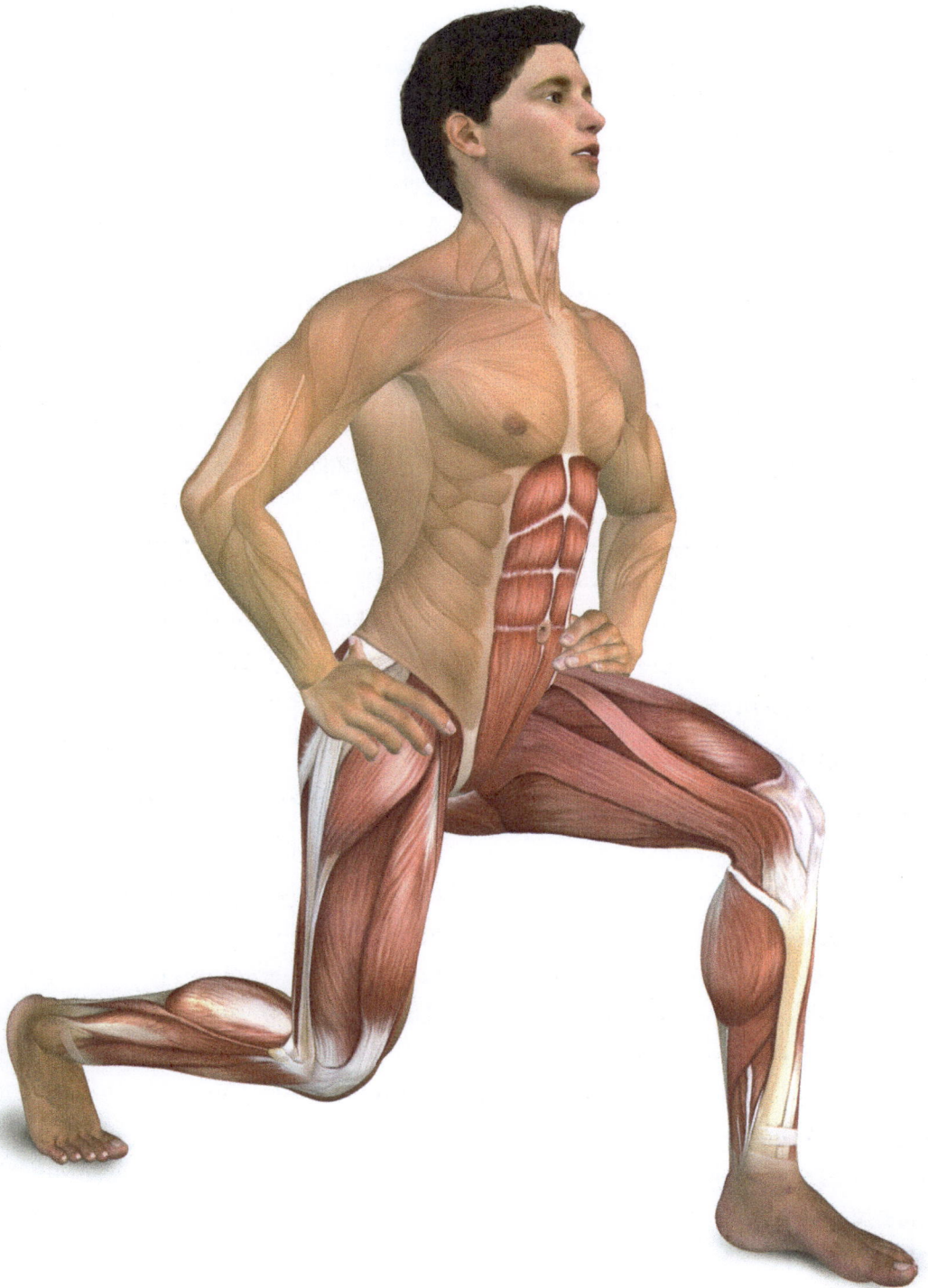

目录

引言

　　力量与体能训练的目的不仅在于帮助你举起更大的重量，还在于让你以一种更好的姿势完成此举。要做到这一点，需要通过一系列各种类型的训练来提高你的有氧能力。简单来说，我们谈论的是通过增加力量、速度、能力和准确性来获得更好的表现。这需要持续不断地练习，最终使运动者更好地掌握这四种运动技能。

力量训练和体能训练在不同的定义和结果中，是相辅相成的，互为补充。一个强壮的运动者也许可以举起很大的重量，但如果他或她没有调节能力和必需的肺部功能，使其能够在选定的练习中达到一定标准，那这种举重能力的用处也是有限的。类似的情况还有，一个运动者虽然精力足够充沛，但是缺少爆发力，使得他或她不能完全发挥潜力。

总体来说，比较大的肌肉意味着比较强壮的肌肉，然而没有必要过度锻炼来展现无以伦比的力量。这是因为最全面的运动表现要依靠四种主要技能一力量、速度、能力和精确性的应用。

结合力量训练和体能训练使一名运动者掌握这些技能，他或她将不仅能够提起更重的重物，还将获得更好的有氧能力。

什么是力量训练？

简单来说，力量训练可以定义为将某一重物从A点经过B点移动到C点的行为。说起来简单，但需要更多的努力，促使肌肉更加有力地工作。在力量训练中的表现可以类比为一个螺旋弹簧——首先，肌肉会有一个缓慢的弯曲或扭转；然后是一个快速的爆发式

的释放。这类练习非常明显的例子是杠铃挺举练习（参见第38页），在这种练习中，杠铃先从地面提起至胸部（从A移动到B的动作），然后从胸部上举至头顶位置（从B移动到C的动作）。重复一些这种类型的肌肉练习会增加无氧输出和肌肉力量。

力量训练通常要求一组肌肉相互辅助完成一项双关节的运动。例如，深蹲练习也许是下半身力量的终极练习，被广泛认为是一种大腿练习，然而，它也用到臀部肌肉、腿部肌肉和核心肌群，在运动中适当稳定身体，在过程中"点燃"肌肉力量。这种协同组合将相对的主体部分组合在一起完成一个给定的运动是力量训练和传统健美锻炼最重要的不同。后者倾向于将重点放在单独的一块肌肉上，将邻近组织的辅助性

壶铃8字绕腿能够帮助你锻炼腹部肌肉力量

帮助最小化，这样可以将重点主要集中在目标肌肉上。比如，健美者若要锻炼二头肌会采用坐姿弯举哑铃的方式，因为坐姿会确保来自下背部的辅助保持最小。

力量训练与健美锻炼也有不同，力量训练的重点不在于增加肌肉组织和肌肉体积，或者使肌肉的分布比例和对称性达到最佳状态；力量训练不注重胸肌或臀部肌有多发达，或者腰部肌肉有多紧致。力量训练的真实目的只是单纯的增加力量和肌力。

任何一种专注力量的训练在肌肉负荷过重时都会导致微小的撕裂从而使肌肉损伤。健美者经常训练至真正的肌肉损伤，因为肌肉的自我修复会有助于肌肉块增大。但是我们的目的是力量训练而不是增大肌肉块，因此没有必要反复举起你能举起的最大重量，直至最高限度。这样，训练的恢复时间就缩短了，这意味着你可以更加频繁地训练并且更快地看到训练

成果。尽管如此，你还是应该避免过度训练或者训练到身体过度疲惫困倦。要将力量训练与常规训练相结合，每周不超过三四天，专注于练习的正确方式和执行情况而不是延长练习时间。本书中的提到的所有力量训练重复次数，对于你测试和提高现有的力量水平来说都是足够的，同时不会让你的身体压力过大。

什么是体能训练？

体能训练是一种基于时间不断增加的持续运动的训练，比起力量训练，它更加注重适度。这种有氧练习通常需要高速完成。

体能训练的目的是改进训练者在完成某项运动时的表现、增加有氧输出能力和功效，同时使肌肉组织不被损坏。这样就避免了无氧练习中需要的休息和恢复。

这种训练通常需要大量重复或在训练中逐渐增加时间。这种训练的成功要依靠持续不断

实心健身球成角推起有助于很好地增加力量和身体核心的稳定性

的身体运动，通常是全身性运动，结合了速度、平衡、稳定性和准确性。身体状态很好的人能够使他或她的身体长时间维持有强度的运动。将体能训练和力量训练所获得的爆发力相结合便能够塑造一个在运动方面全面发展的人。

力量训练局限在一种给定的可以预测的程序中，而体能训练的可能性则几乎是无限的。这种训练可以"迷惑"身体，促使身体适应相应的练习，像速度、方向、冲击力、呼吸方式这些都可以被改变。

指定日常训练计划

在训练时，我建议你首先活动酸痛的或者僵硬的肌肉（参见第16至20页），这将有助于"打开"肌肉细胞，使紧绷的肌肉松弛，为之后做准备。肌肉拉伸（参见第21至25页）可以并且应该只在肌肉热身完成后进行，这样可以避免撕裂。强迫没有活动开的肌肉直接进入训练很容易导致肌肉撕裂。

器械

力量和体能训练需要不同种类的运动器械，此处给出图示。

壶铃
这个球形的器械有一个平底和一根粗提梁，有各种重量可供选择。

泡沫按摩键身棒
这种器械通常由聚乙烯制成，可以帮助缓解肌肉紧致和对抗肌肉萎缩。

杠铃和哑铃
大致分为固定重量和可调节重量两种类型，是力量训练中的基础器械。

然后进行力量训练，之后是体能训练，最后以拉伸练习结束。第二阶段的拉伸能够帮助从肿胀的肌肉中排除毒素和复原。

你的每周日常训练应该包括三至四组力量训练以及四组体能训练。体能训练应该在力量训练之后进行，或者在力量训练之中混合进行。训练时有必要每周休息一天，如果能休息两天更好，这样使肌肉充分愈合和恢复，以便在下一周的训练中举起更大的重量，迎接更大的挑战。这种力量和体能训练与传统的健美锻炼不同，后者通常包括无数的角度和动作，而前者只关注十种左右的动作来锻炼肌肉群和附属组织，使你尽可能强壮、状态出色。

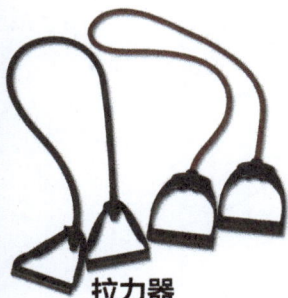

健身箱
用于强化训练。

拉力器
这种橡胶材质的有弹性的拉绳通常用于力量训练。

圆锥
在强化训练中，这种器械是一种目标，当作参考点或障碍。

实心球
这种器械是一个小的、坚固的橡胶球，用于各种全身训练。

健身球（也叫瑞士球）
一种大的橡胶球，用于各种类型的全身运动。

人体构造

解析关键
*代表深层肌肉

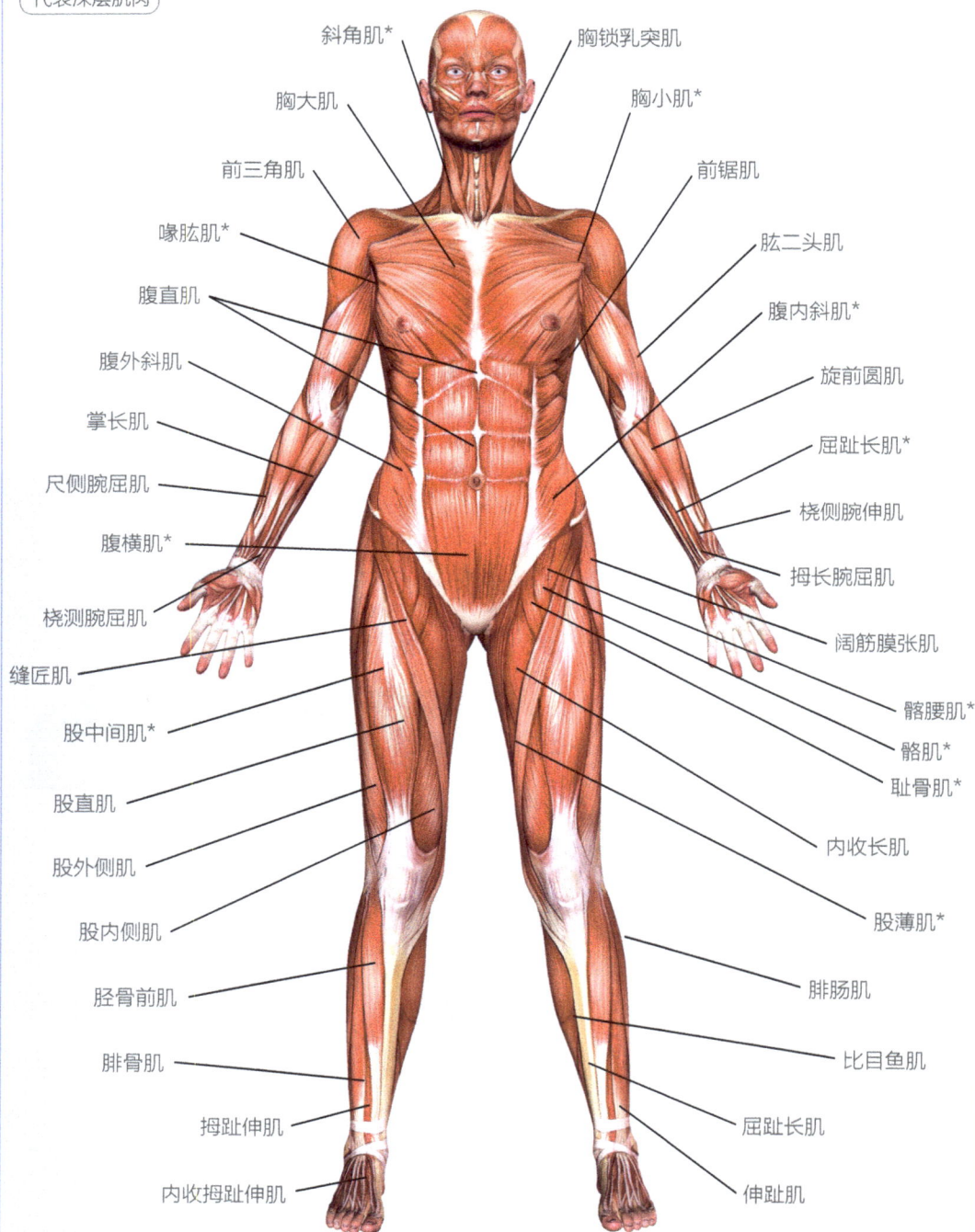

斜角肌*

胸锁乳突肌

胸大肌

胸小肌*

前三角肌

前锯肌

喙肱肌*

肱二头肌

腹直肌

腹内斜肌*

腹外斜肌

旋前圆肌

掌长肌

屈趾长肌*

尺侧腕屈肌

桡侧腕伸肌

腹横肌*

拇长腕屈肌

桡测腕屈肌

阔筋膜张肌

缝匠肌

髂腰肌*

股中间肌*

髂肌*

股直肌

耻骨肌*

内收长肌

股外侧肌

股内侧肌

股薄肌*

胫骨前肌

腓肠肌

腓骨肌

比目鱼肌

拇趾伸肌

屈趾长肌

内收拇趾伸肌

伸趾肌

解析关键
*代表深层肌肉

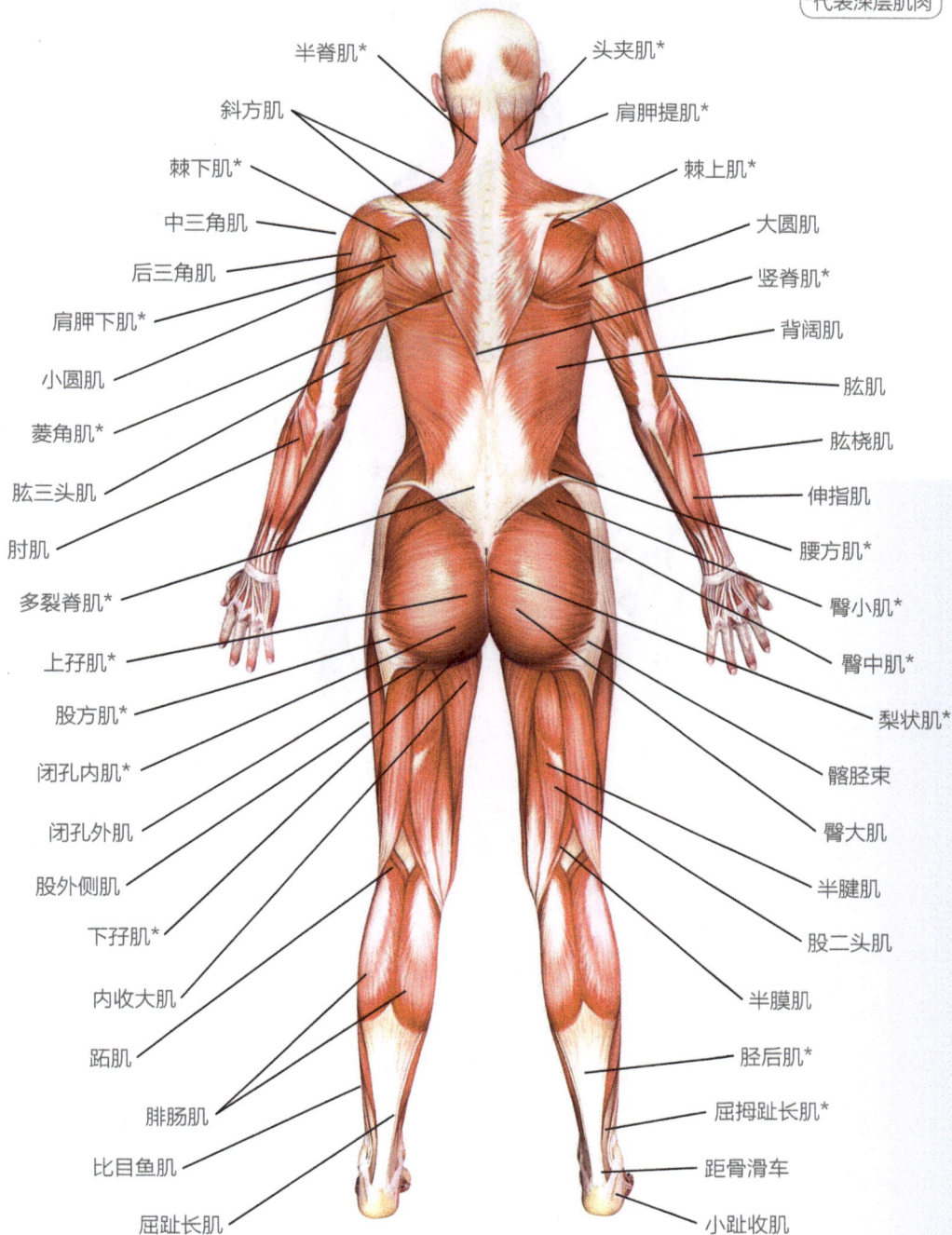

半脊肌*
头夹肌*
斜方肌
肩胛提肌*
棘下肌*
棘上肌*
中三角肌
大圆肌
后三角肌
竖脊肌*
肩胛下肌*
背阔肌
小圆肌
肱肌
菱角肌*
肱桡肌
肱三头肌
伸指肌
肘肌
腰方肌*
多裂脊肌*
臀小肌*
上孖肌*
臀中肌*
股方肌*
梨状肌*
闭孔内肌*
髂胫束
闭孔外肌
臀大肌
股外侧肌
半腱肌
下孖肌*
股二头肌
内收大肌
半膜肌
跖肌
胫后肌*
腓肠肌
屈拇趾长肌*
比目鱼肌
距骨滑车
屈趾长肌
小趾收肌

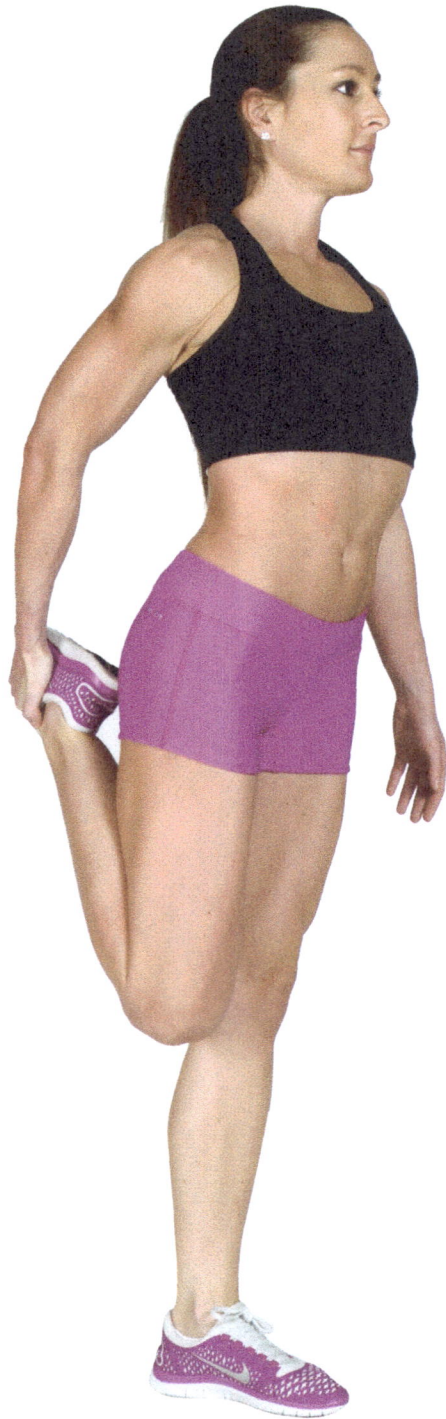

热身运动

在进行任何体育训练之前，首先对你的肌肉进行热身是非常重要的，因为热身会让肌肉变得柔软从而减少受伤。自我筋膜放松疗法（或者叫滚动按摩）是一种有效的热身方式，这需要用到泡沫按摩键身棒来使包括肌肉内部深层组织在内的所有关节放松，改善柔韧性和肌肉功能，减少受伤的风险。

虽然热身运动没有严格的训练程序，但拉伸运动应该在训练中和训练后进行，这样可以使肌肉保持强壮柔软。拉伸运动也可以增加对关节的供血，对缓解疼痛和紧致有帮助，还能提高能量水平，改善体态。

滚动按摩：腘绳肌

① 开始采用坐姿，将一根泡沫按摩健身棒置于大腿下方，双手置于身体的侧后方进行支撑。弯曲左腿，将重心移到右腿上。

② 保持右脚离开地面，开始使用肌肉的正中滚动泡沫按摩健身棒。在肌肉最紧绷处保持10~30秒，然后换腿练习。

锻炼目标

• 腘绳肌

益处

• 有助于股二头肌的筋膜放松

解析关键

黑体字代表目标肌肉
灰色字体代表其他运动到的肌肉
*代表深层肌肉

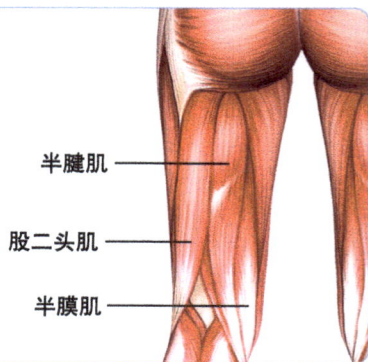

半腱肌

股二头肌

半膜肌

❶ 开始采用坐姿，将一个泡沫按摩健身棒直接置于臀部肌肉下。手臂置于身体后方进行支撑。

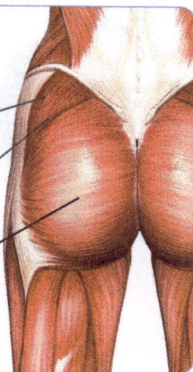

臀小肌*

臀中肌*

臀大肌

解析关键

黑色字体代表目标肌肉
灰色字体代表其他运动到的肌肉
*代表深层肌肉

❷ 将右脚踝放在左腿大腿上方。

锻炼目标

● 臀部肌肉

益处

● 促进臀大肌的筋膜放松

最佳锻炼部位

● 臀大肌

❸ 开始使用肌肉的中部滚动泡沫按摩健身棒。在肌肉最紧绷处保持10~30秒，然后换腿练习。

滚动按摩：髂胫束

① 面部朝下，将身体重心放在双手上，用下半身稍微滚动滚杠，使右腿停在泡沫按摩健身棒上，泡沫按摩健身棒位于膝盖和臀部之间。将左腿交叉置于右侧大腿之上；两只脚都应该接触地面。保持尽可能多的体重在底部的腿上，同时另一条腿保持放松。

② 使泡沫按摩健身棒在臀部到膝盖之间滚动，在最放松点保持10~30秒。然后换腿练习。

锻炼目标

● 胯部肌肉

益处

● 促进胯部肌肉筋膜放松

最佳锻炼部位

● 髂胫束

解析关键
黑色字体代表目标肌肉
灰色字体代表其他运动到的肌肉
*代表深层肌肉

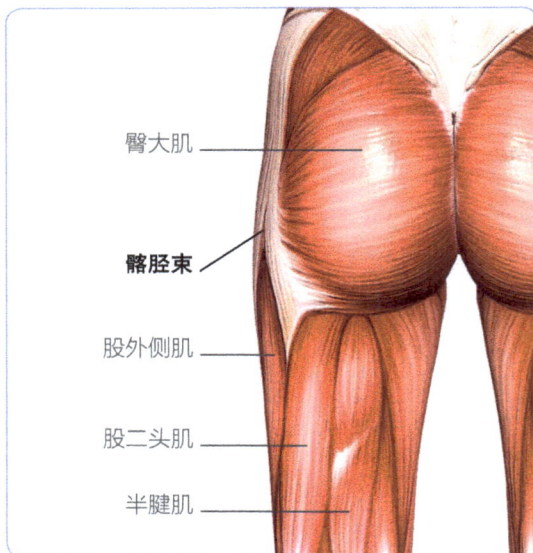

臀大肌

髂胫束

股外侧肌

股二头肌

半腱肌

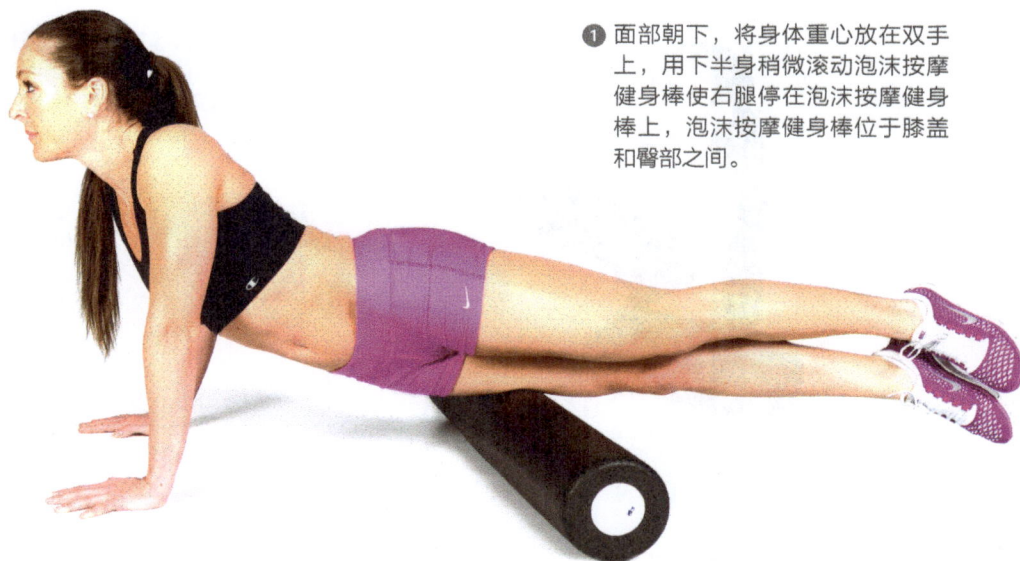

❶ 面部朝下，将身体重心放在双手上，用下半身稍微滚动泡沫按摩健身棒使右腿停在泡沫按摩健身棒上，泡沫按摩健身棒位于膝盖和臀部之间。

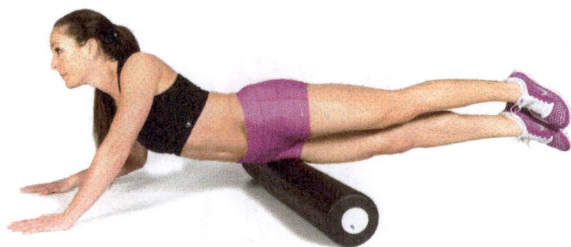

❷ 保持双腿和双脚离开地面，使泡沫按摩健身棒在膝盖和臀部之间滚动。在肌肉最紧绷处保持10~30秒，然后换腿练习。

最佳锻炼部位

- 股中间肌
- 股外侧肌
- 股内侧肌
- 股直肌

锻炼目标
- 股四头肌

益处
- 促进股四头肌的筋膜放松

解析关键

黑色字体代表目标肌肉
灰色字体代表其他运动到的肌肉
*代表深层肌肉

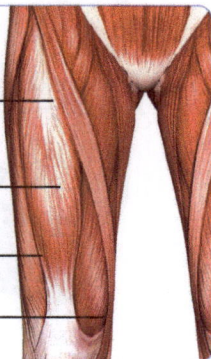

股内侧肌* ——
股直肌 ——
股外侧肌 ——
股中间肌 ——

滚动按摩：下背部

① 开始采用坐姿，将一根泡沫按摩健身棒置于你的后方，缓慢泡沫按摩健身棒后仰你的身体，直到后背部接触到泡沫按摩健身棒，将双臂在胸前交叉抱住。

最佳锻炼部位

- 竖脊肌

解析关键
黑体字代表目标肌肉
灰色字体代表其他运动到的肌肉
*代表深层肌肉

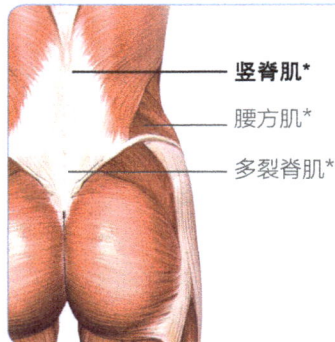

竖脊肌*

腰方肌*

多裂脊肌*

锻炼目标

- 下背部

益处

- 促进竖脊肌筋膜放松

② 保持臀部抬起，后背部紧绷，缓慢向一侧移动，保持这个姿势10~30秒，然后移动向另一侧重复这个动作。确保将重心置于肌肉上而不是脊柱上。

① 开始采用站姿，使左臂稍稍在身体前方交叉。

② 将右臂置于肱三头肌下方，然后轻柔地将左臂向身体前方拉。保持这个姿势10~30秒，然后更换手臂练习。

中三角肌 ——
后三角肌 ——

肱三头肌 ——

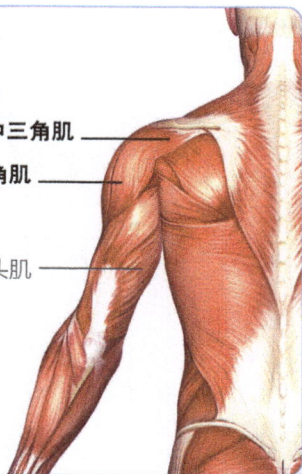

最佳锻炼部位

- 后三角肌
- 中三角肌

锻炼目标
- 侧面和后部三角肌

益处
- 增加柔韧性、运动范围和上半身的运动表现

拉伸练习：胸部

最佳锻炼部位

- 胸大肌
- 胸小肌
- 前三角肌
- 肱二头肌

① 采用站姿，将左臂向身体侧面伸出，用手掌在一块结实的表面（如墙或者门框）按实。

锻炼目标

- 胸部肌肉群
- 前三角肌
- 肱二头肌

益处

- 改善胸部肌肉的柔韧性这对上肢的力量和运动范围表现很重要

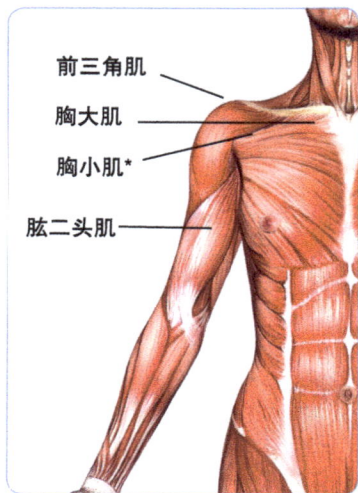

② 保持双脚在地面不动，同时左臂和地面平行，向右旋转上半身，使身体远离墙面，感到胸部有横向拉伸感。保持这个姿势10~30秒，然后更换手臂练习。

前三角肌

胸大肌

胸小肌*

肱二头肌

解析关键

黑体字代表目标肌肉

灰色字体代表其他运动到的肌肉

*代表深层肌肉

① 背部着地躺下，双腿弯曲。

② 双手抱紧小腿，将双膝盖向胸部拉，感觉下背部深处被拉紧。保持这个姿势10~30秒。

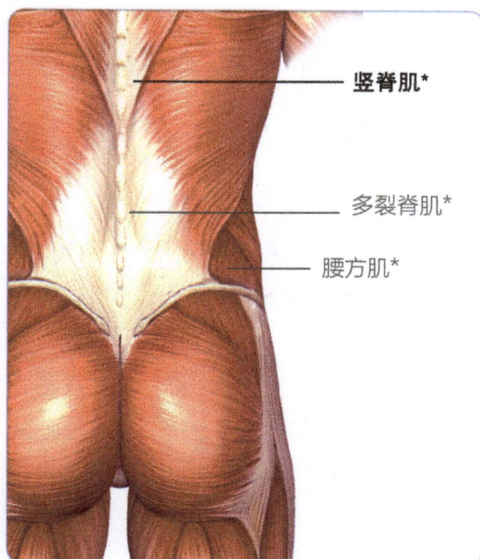

竖脊肌*

多裂脊肌*

腰方肌*

最佳锻炼部位

• 竖脊肌

锻炼目标

• 下背部

益处

• 改善下背部肌肉的柔韧性，这对运动范围、避免受伤和运动表现至关重要。

解析关键
黑体字代表目标肌肉
灰色字体代表其他运动到的肌肉
*代表深层肌肉

拉伸练习：臀部肌肉

① 平躺背部着地，左腿弯曲，左脚在地面踩实。

② 将右脚脚踝交叉放在左腿大腿上，使其正好放在膝盖骨上。

③ 将双臂从两腿之间伸出，用双手抱紧左腿，轻柔地将左腿向前拉，感觉臀部肌肉受到拉伸。如果想要拉伸更深层的部位，将头部从地面抬起。保持这个姿势10~30秒，然后换腿练习。

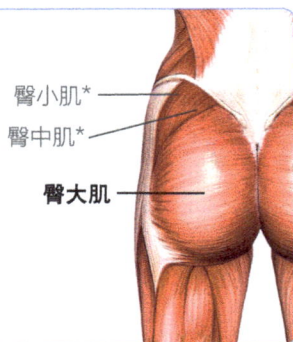

锻炼目标

- 臀部肌肉

益处

- 改善臀大肌的延展性

臀小肌*
臀中肌*
臀大肌

① 采用站姿，然后将左脚提起，向后弯曲左腿。

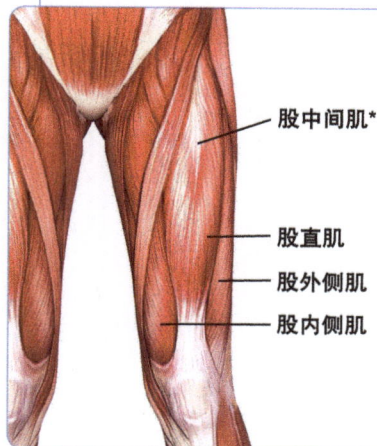

股中间肌*

股直肌

股外侧肌

股内侧肌

最佳锻炼部位

- 股中间肌
- 股外侧肌
- 股内侧肌
- 股直肌

锻炼目标

- 股四头肌肉群

益处

- 改善股四头肌肉群的柔韧性，这对于练习中上半身的表现至关重要

② 用左手将提起的脚抓住，然后向大腿方向拉，感觉股四头肌群深层部位有拉伸感。保持这个姿势10~30秒，然后换另一只脚练习。

力量训练

在力量训练中，复合式动作是由一组肌肉协同运作的——举例来说，硬拉练习的位置强调锻炼下背部，同时各种腿部和臂部肌肉都有辅助作用。

力量训练需要用到的器材包括杠铃、壶铃和拉力器。某种意义上说，杠铃训练是力量训练最基本的部分，在培养整个身体的力量方面是无与伦比的。壶铃练习能够使身体各部分工作协调一致，使辅助性肌肉参与到运动中来，同时给提举动作带来平衡感和协调感。拉力器可以使肌肉获得一种不同的从内到外的紧张感。探索和应用这三种训练模式，就可以练成强壮而坚不可摧的身体。

杠铃深蹲

❶ 站在一个举重架前方，杠铃位于杠铃架上，高度在练习者眼睛的位置。双脚分开，与肩同宽，将身体置于杠铃下方，这样杠铃会落在你的肩背部。向前走使杠铃离开举重架。

❷ 弯曲膝盖，同时深吸一口气，降低身体直到大腿和地面平行。在做这个动作的时候确保后背保持平直。

锻炼目标

- 大腿
- 臀部
- 身体核心

益处

- 增加大腿肌肉的力量和体积

❸ 脚踝用力站直，同时呼气。以上练习重复6~8组。

正确做法

- 深蹲的同时保持大腿和地面平行

避免

- 将膝盖过度超过脚趾

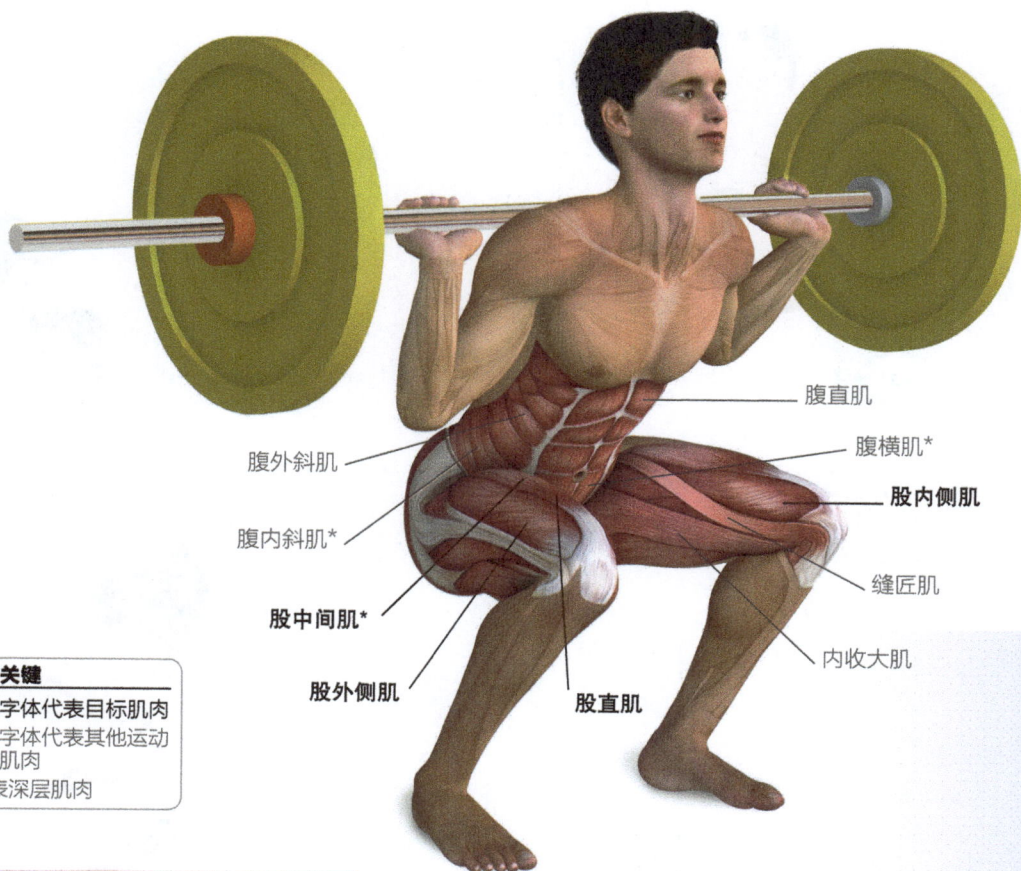

腹直肌

腹横肌*

股内侧肌

缝匠肌

内收大肌

股直肌

股外侧肌

股中间肌*

腹内斜肌*

腹外斜肌

解析关键

黑色字体代表目标肌肉

灰色字体代表其他运动到的肌肉

*代表深层肌肉

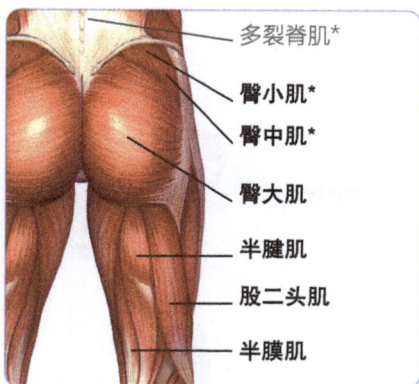

多裂脊肌*

臀小肌*

臀中肌*

臀大肌

半腱肌

股二头肌

半膜肌

最佳锻炼部位

• 股中间肌	• 股二头肌
• 股外侧肌	• 半膜肌
• 股内侧肌	• 臀大肌
• 股直肌	• 臀中肌
• 半腱肌	• 臀小肌

变化练习

降低难度： 按照前面描述的步骤完成练习，只是用你自身的身体重量替代杠铃（如右图所示）。

增加难度： 改变双脚间距。将双脚距离减小会增加需要的运动幅度，使练习变得更难。

杠铃深蹲抓举

❶ 开始将双脚分开与肩同宽站立，杠铃置于你的前方地面。深蹲同时双手垂下抓住杠铃杆，确保双膝靠近杠铃杆。

❷ 在恢复站姿的同时，锁定双臂，快速举起杠铃至头顶。

正确做法
- 运用双腿帮助完成这个动作

避免
- 使背部成拱形

锻炼目标
- 三角肌
- 大腿
- 臀部
- 上背部
- 身体核心
- 三头肌
- 腿后腱

益处
- 增加肩部和大腿的肌肉力量和体积

❸ 完全站直，在头顶保持这个姿势。

❹ 小心地降低杠铃至胸部，然后放到地面。重复整个动作6~8次。

杠铃深蹲抓举·力量训练

最佳锻炼部位

- 前三角肌
- 中三角肌
- 后三角肌
- 股中间肌
- 股外侧肌
- 股内侧肌
- 股直肌
- 臀大肌
- 臀中肌
- 臀小肌

解析关键

黑体字代表目标肌肉
灰色字体代表其他运动到的肌肉
*代表深层肌肉

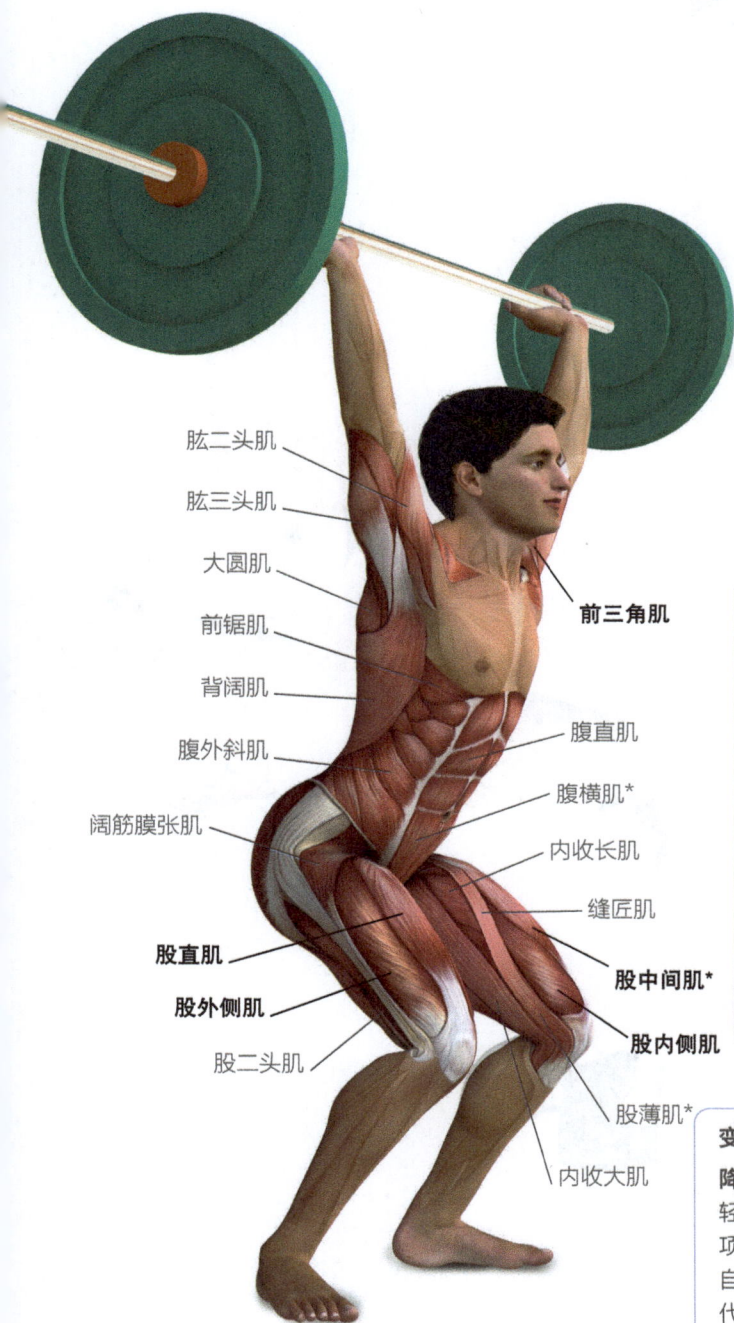

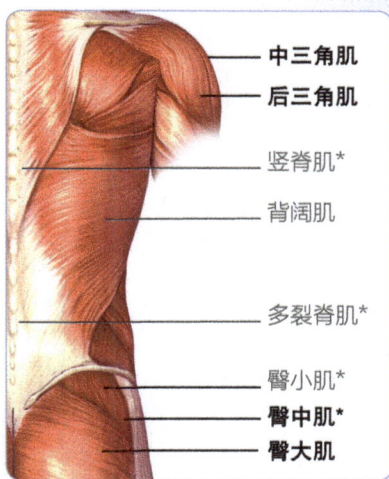

肱二头肌

肱三头肌

大圆肌

前锯肌

背阔肌

腹外斜肌

阔筋膜张肌

股直肌

股外侧肌

股二头肌

前三角肌

腹直肌

腹横肌*

内收长肌

缝匠肌

股中间肌*

股内侧肌

股薄肌*

内收大肌

中三角肌

后三角肌

竖脊肌*

背阔肌

多裂脊肌*

臀小肌*

臀中肌*

臀大肌

变化练习

降低难度： 使用很轻的杠铃杆完成此项练习，或者用你自身的身体重量替代杠铃。

增加难度： 使用哑铃（如右图所示）来替代杠铃。

31

杠铃硬拉

① 将双脚分开与肩同宽站立，杠铃置于前方地面。目视前方，深蹲同时双手下垂分开，确保双膝靠近杠铃杆。

正确做法
- 运用臀部帮助完成这个动作

避免
- 使背部呈拱形

锻炼目标
- 竖脊肌
- 四头肌肉群
- 臀部肌肉群
- 腿后腱
- 身体核心
- 前臂肌肉
- 二头肌

益处
- 增加躯干部位的肌肉力量和体积

变化练习
- **降低难度：** 使用很轻的杠铃杆完成此项练习，或者用你自身的身体重量替代杠铃。
- **增加难度：** 使双脚更加靠近，以增加需要的运动幅度，使练习变得更难。

② 脚踝用力上身站直，同时保持杠铃在你的下方一臂的距离，在做整个动作的同时确保后背保持挺直。

③ 完全竖直站起同时保持全身动作不变，然后小心地将杠铃放在地面上。重复整个动作6~8次。

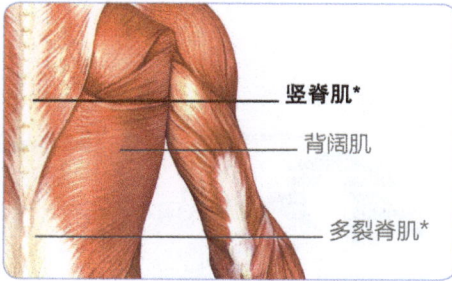

竖脊肌*
背阔肌
多裂脊肌*

解析关键

黑体字代表目标肌肉
灰色字体代表其他运动
到的肌肉
*代表深层肌肉

最佳锻炼部位

• 竖脊肌

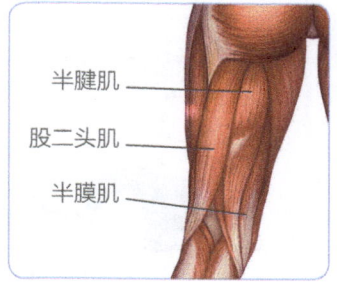

半腱肌
股二头肌
半膜肌

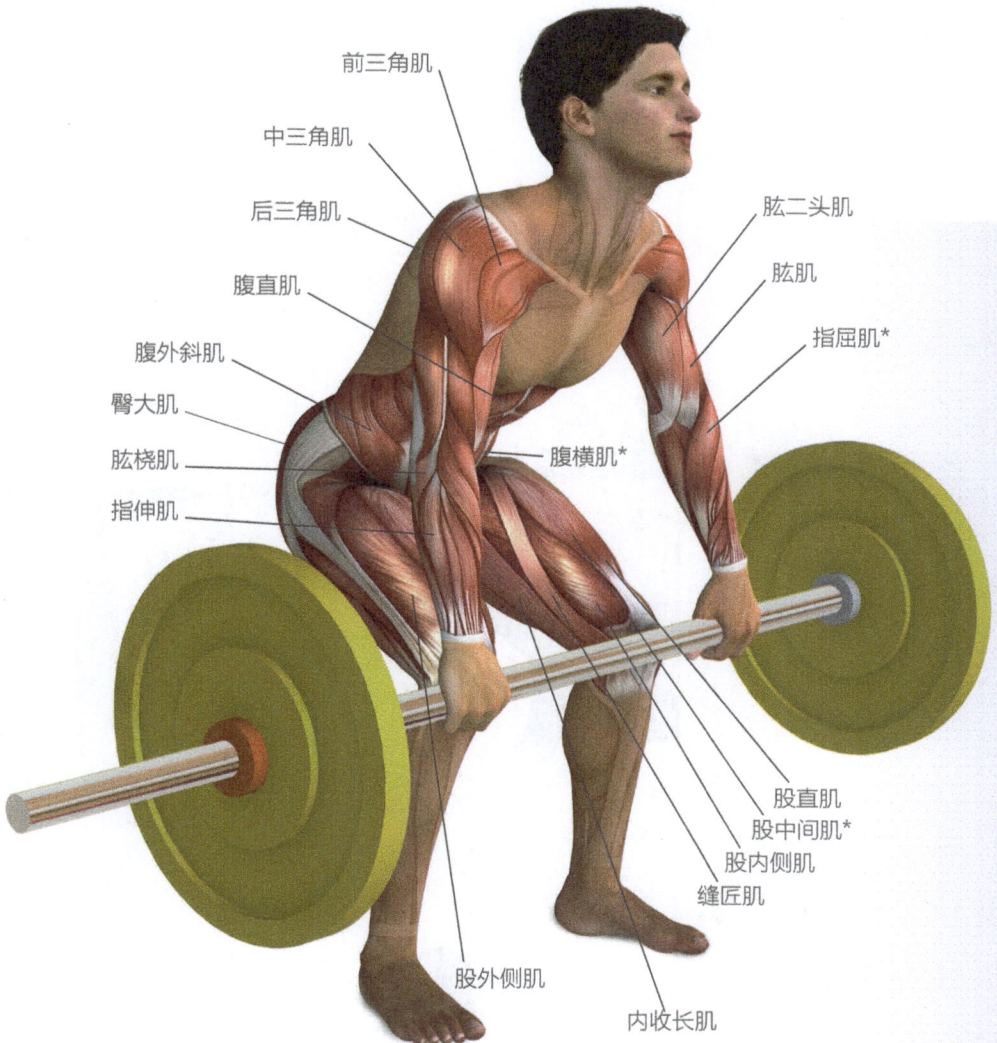

前三角肌
中三角肌
后三角肌
腹直肌
腹外斜肌
臀大肌
肱桡肌
指伸肌

肱二头肌
肱肌
指屈肌*

腹横肌*

股直肌
股中间肌*
股内侧肌
缝匠肌

股外侧肌

内收长肌

杠铃仰卧推举

① 躺在推举架上，双手举过头顶抓住杠铃，双手的宽度比肩宽略宽，然后将杠铃从架子上移开。

② 将杠铃缓慢下移至胸部乳头位置，保持对杠铃的控制，同时深吸一口气。

正确做法
- 在完成动作时，确保挺起胸部

避免
- 将杠铃的重量从胸部反弹起来

锻炼目标
- 胸大肌
- 前三角肌
- 三头肌
- 腹肌
- 上背部

益处
- 增加胸部肌肉的力量和体积

③ 在推举杠铃至一臂长度时呼气。重复整个动作6~8次。

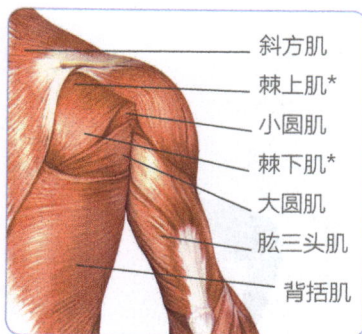

斜方肌
棘上肌*
小圆肌
棘下肌*
大圆肌
肱三头肌
背括肌

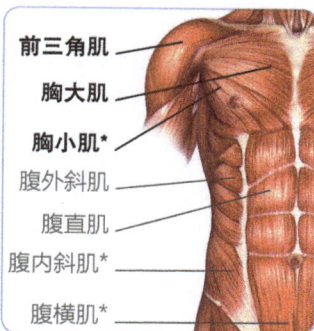

前三角肌
胸大肌
胸小肌*
腹外斜肌
腹直肌
腹内斜肌*
腹横肌*

变化练习

降低难度： 使用很轻的杠铃杆完成此项练习。

增加难度： 改变双手抓握的距离。距离更近（如下图所示）会使练习变得更难，需要更多力量。

解析关键

黑体字代表目标肌肉

灰色字体代表其他运动到的肌肉

*代表深层肌肉

胸小肌*
前三角肌
胸大肌
肱二头肌
腹横肌*
腹直肌
肱三头肌

最佳锻炼部位

- 胸大肌
- 胸小肌
- 前三角肌

杠铃提铃至胸

正确做法
- 确保运用双腿帮助完成这个动作

避免
- 使背部成拱形

❷ 伸直双腿恢复站姿。在站起的同时快速拉动杠铃至上胸部。

❶ 站在杠铃后方，双脚分开与肩同宽。双眼目视前方，深蹲，双手垂下紧握杠铃。双膝紧靠杠铃杆。

锻炼目标
- 三角肌
- 上背部
- 大腿
- 臀部
- 腿后腱
- 身体核心

益处
- 增加肩部和上背部的肌肉力量和体积

❸ 在上胸部，翻握杠铃，恢复站姿。重复整个动作6~8次。

变化练习

降低难度： 使用很轻的杠铃杆完成此项练习，或者用你自身的身体重量替代杠铃。

增加难度： 使用哑铃替代杠铃（如右图所示）。

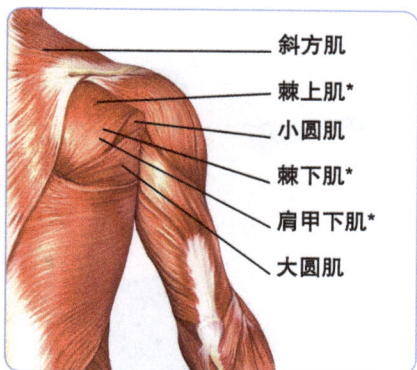

斜方肌
棘上肌*
小圆肌
棘下肌*
肩甲下肌*
大圆肌

解析关键
黑体字代表目标肌肉
灰色字体代表其他运动
到的肌肉
*代表深层肌肉

最佳锻炼部位

- 前三角肌
- 中三角肌
- 后三角肌
- 斜方肌
- 棘下肌
- 棘上肌
- 大圆肌
- 小圆肌
- 肩甲下肌

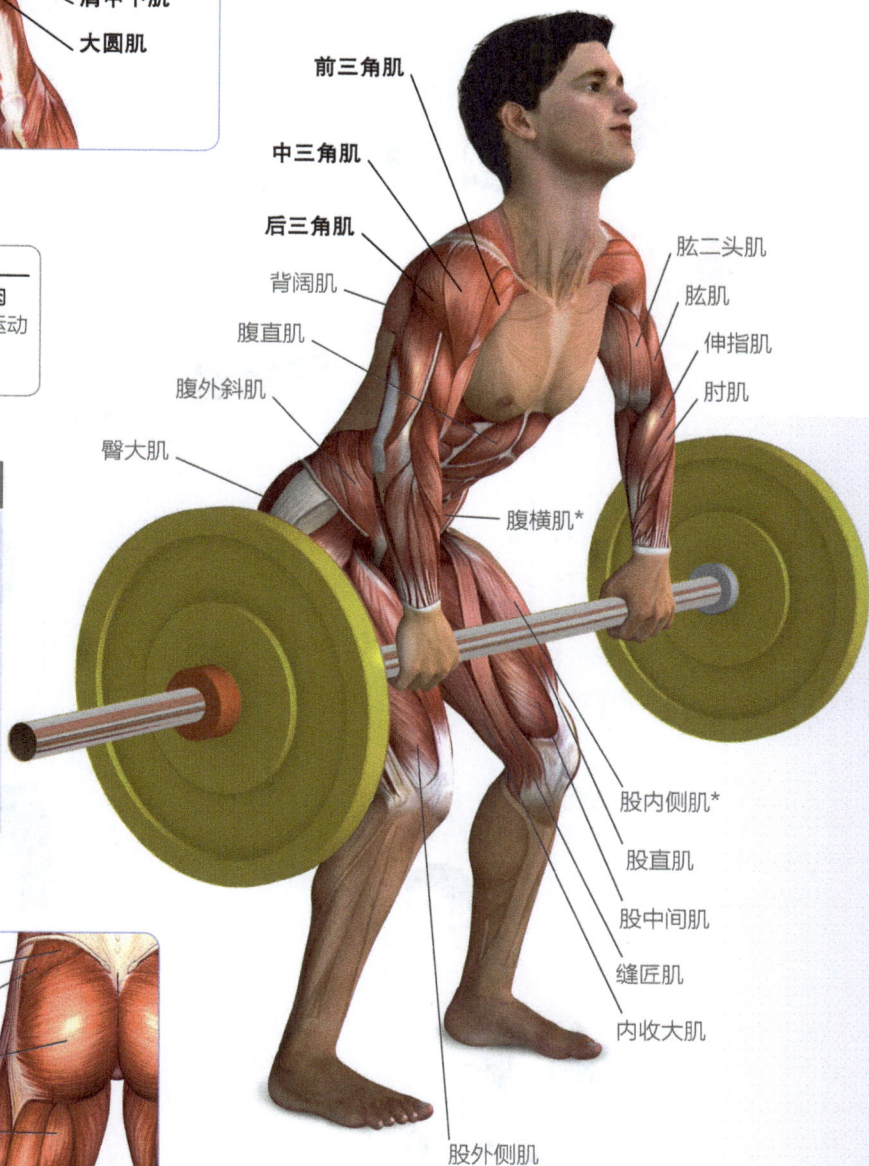

前三角肌

中三角肌

后三角肌

背阔肌

腹直肌

腹外斜肌

臀大肌

肱二头肌

肱肌

伸指肌

肘肌

腹横肌*

股内侧肌*

股直肌

股中间肌

缝匠肌

内收大肌

股外侧肌

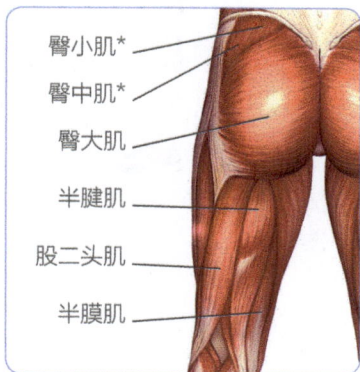

臀小肌*
臀中肌*
臀大肌
半腱肌
股二头肌
半膜肌

杠铃挺举

① 站在杠铃后方，双脚分开与肩同宽。深蹲，双手垂下紧握杠铃。

正确做法

● 确保在开始时运用双腿帮助完成这个动作。

避免

● 使后背成拱形

② 伸直双腿恢复站姿。在站起的同时快速拉动杠铃至上胸部。

锻炼目标

● 三角肌
● 上背部
● 三头肌
● 大腿
● 腿后腱
● 身体核心

益处

● 增加肩部及上背部肌肉的力量和体积

变化练习

降低难度： 使用很轻的杠铃杆完成此项练习，或者用自身的身体重量替代杠铃。

增加难度： 使用哑铃替代杠铃（如下图所示）。

③ 然后，将杠铃推至头顶，保持杠铃一臂的距离。

④ 下降杠铃至上胸部，翻转手腕，将其放到地面。重复整个动作6~8次。

最佳锻炼部位

- 前三角肌
- 中三角肌
- 后三角肌
- 斜方肌
- 棘上肌
- 棘下肌
- 大圆肌
- 竖脊肌
- 菱形肌
- 肱三头肌

解析关键

黑体字代表目标肌肉
灰色字体代表其他运动
到的肌肉
*代表深层肌肉

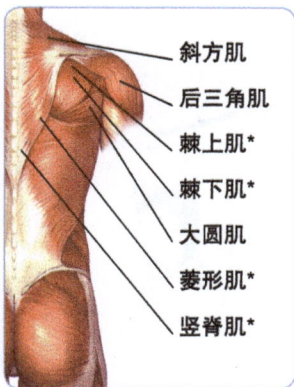

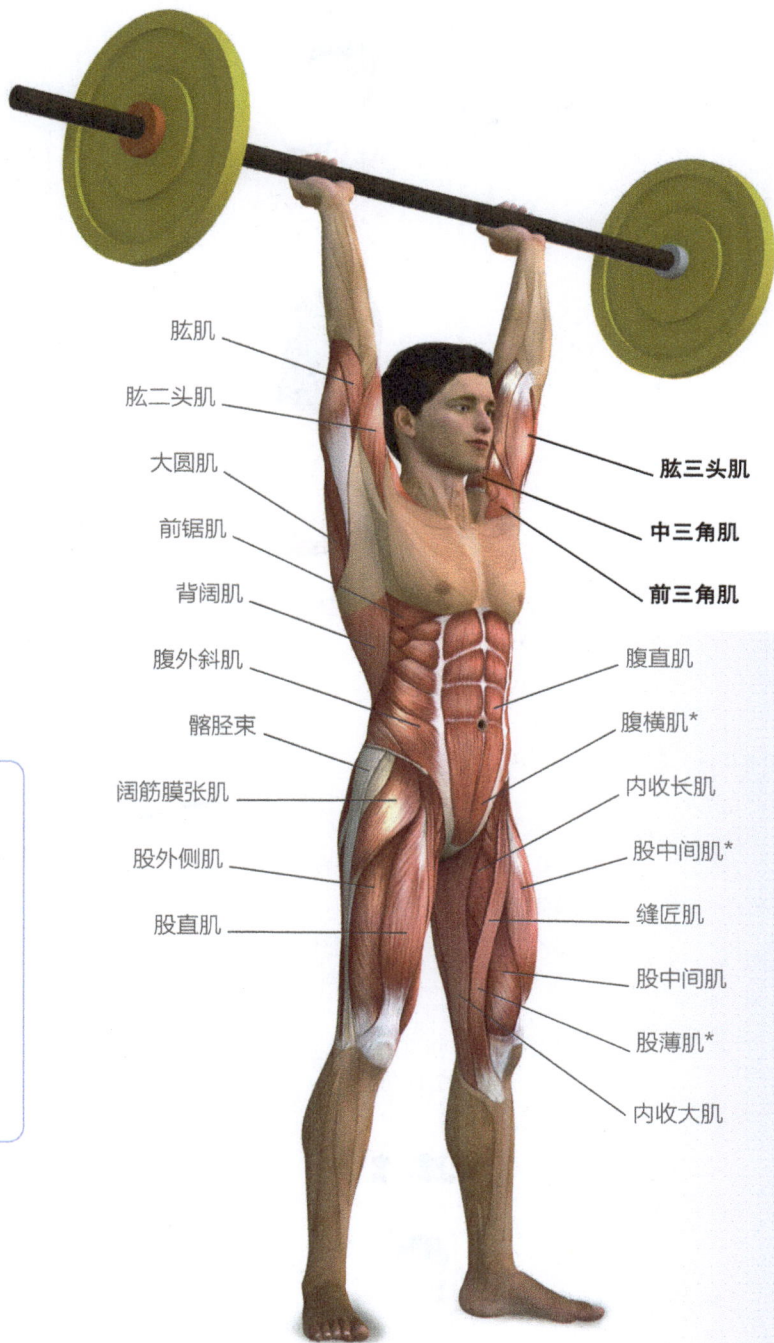

肱肌

肱二头肌

大圆肌

前锯肌

背阔肌

腹外斜肌

髂胫束

阔筋膜张肌

股外侧肌

股直肌

肱三头肌

中三角肌

前三角肌

腹直肌

腹横肌*

内收长肌

股中间肌*

缝匠肌

股中间肌

股薄肌*

内收大肌

斜方肌

后三角肌

棘上肌*

棘下肌*

大圆肌

菱形肌*

竖脊肌*

站姿杠铃推举

① 站在杠铃架之后，杠铃置于杠铃架的高度与练习者的眼部平齐。双手分开与肩同宽，紧握杠铃向后走。

正确做法
- 在双肩之前用力，而不要在颈部之后用力

避免
- 过度向后倒

锻炼目标
- 三角肌
- 三头肌
- 上背部
- 身体核心

益处
- 增加肩部和上臂部的肌肉力量和体积

变化练习

降低难度： 使用很轻的杠铃杆完成此项练习，或者用自身的身体重量替代杠铃。

增加难度： 使用哑铃替代杠铃完成动作（如下图所示）。

② 伸展手臂，经过上胸部将杠铃推至头顶。

40

站姿杠铃推举·力量训练

中三角肌
后三角肌
肱三头肌
竖脊肌*
多裂脊肌*

解析关键
黑体字代表目标肌肉
灰色字体代表其他运动
到的肌肉
*代表深层肌肉

最佳锻炼部位
- 前三角肌
- 中三角肌
- 后三角肌
- 肱三头肌

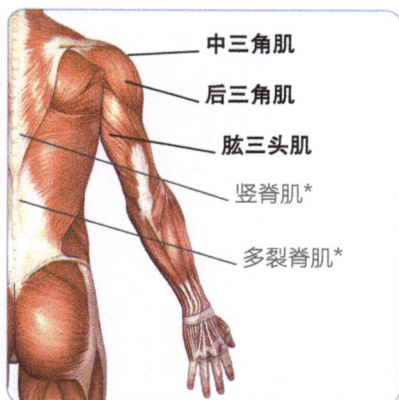

前三角肌
腹外斜肌
腹内斜肌*

肱二头肌
肱三头肌
腹直肌
腹横肌*

❸ 将杠铃降至上胸部。重复整个
动作6~8次。

杠铃耸肩

① 提起一个杠铃，使其在身体前方垂下一臂的距离。

正确做法
- 总是竖直耸肩和放下

避免
- 向后转动双肩

② 将双肩向上送，使其尽可能靠近双耳。

锻炼目标
- 斜方肌
- 颈部
- 上背部
- 前臂
- 身体核心

益处
- 增加斜方肌的力量和体积

③ 回到开始动作。重复整个动作10~12次。

侧胸锁乳突肌

斜方肌

腹外斜肌

腹直肌

腹横肌*

掌长肌

屈趾肌*

桡侧腕伸肌

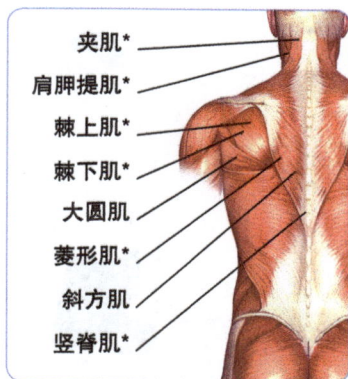

夹肌*

肩胛提肌*

棘上肌*

棘下肌*

大圆肌

菱形肌*

斜方肌

竖脊肌*

解析关键

黑体字体代表目标肌肉

灰色字体代表其他运动到的肌肉

*代表深层肌肉

最佳锻炼部位

- 斜方肌
- 夹肌
- 肩胛提肌
- 棘上肌
- 棘下肌
- 大圆肌
- 菱形肌
- 竖脊肌

变化练习

降低难度：使用很轻的杠铃杆替代杠铃杆完成此项练习。

增加难度：使用哑铃替代杠铃（如右图所示）。

站立杠铃提拉

① 提起一个杠铃，两手保持较近距离，双手伸直，将杠铃放在身前。

② 保持身体竖直，将杠铃垂直向上拉。

锻炼目标

- 前三角肌
- 斜方肌
- 前臂
- 肱二头肌
- 身体核心

益处

- 增加斜方肌的力量和体积

③ 杠铃近乎到达下颌高度时，将杠铃放回开始位置。重复整个动作10~12次。

正确做法

- 总是保持杠铃贴近身体，用肘部提拉杠铃

避免

- 杠铃撞到下颌

站立杠铃提拉·力量训练

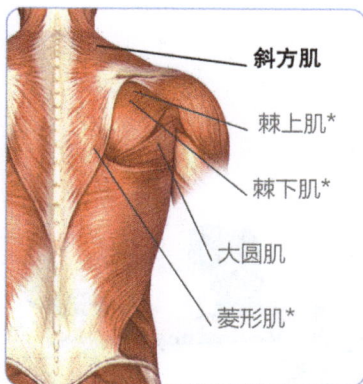

解析关键

黑体字代表目标肌肉

灰色字体代表其他运动到的肌肉

*代表深层肌肉

斜方肌

棘上肌*

棘下肌*

大圆肌

菱形肌*

中三角肌

侧胸锁乳突肌

斜方肌

前三角肌

肱二头肌

前锯肌

腹直肌

掌长肌

腹外斜肌

腹横肌*

变化练习

降低难度：使用很轻的杠铃杆替代杠铃杆完成此项练习。

增加难度：增加双手抓握的间距（如下图所示）。

最佳锻炼部位

• 前三角肌

• 斜方肌

哑铃曲臂上提

① 平躺在健身长凳上，使头部得到支撑，双腿弯曲，分开与肩同宽平放在长凳上，使下背部得到支撑。

② 伸展双臂，将一只轻哑铃举至胸部上方。

正确做法
- 手臂保持弯曲

避免
- 哑铃撞到头部

锻炼目标
- 锯肌
- 背阔肌
- 胸部肌肉
- 肱三头肌
- 身体核心

益处
- 增加背阔肌的体积和活动范围

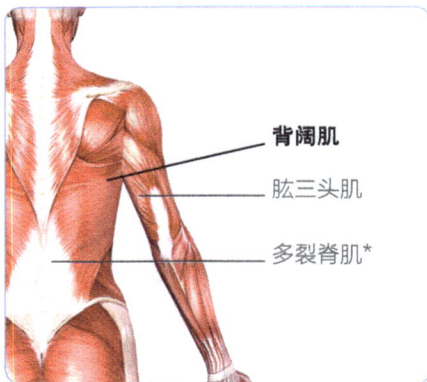

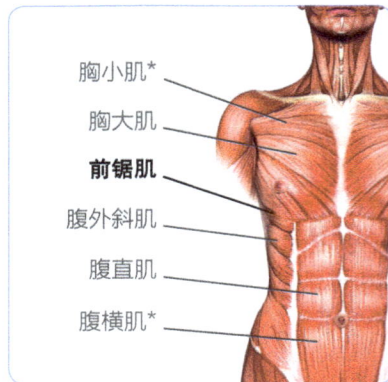

背阔肌
肱三头肌
多裂脊肌*

胸小肌*
胸大肌
前锯肌
腹外斜肌
腹直肌
腹横肌*

变化练习

降低难度： 使用一个很轻的哑铃。

增加难度： 横向躺在长凳上，仅使头部和肩部获得支撑（如右图所示）。

最佳锻炼部位
- 前锯肌
- 背阔肌

解析关键
黑体字代表目标肌肉
灰色字体代表其他运动到的肌肉
*代表深层肌肉

❸ 在将哑铃举至头后方时弯曲双臂，然后在回到开始姿势时向上伸展双臂。

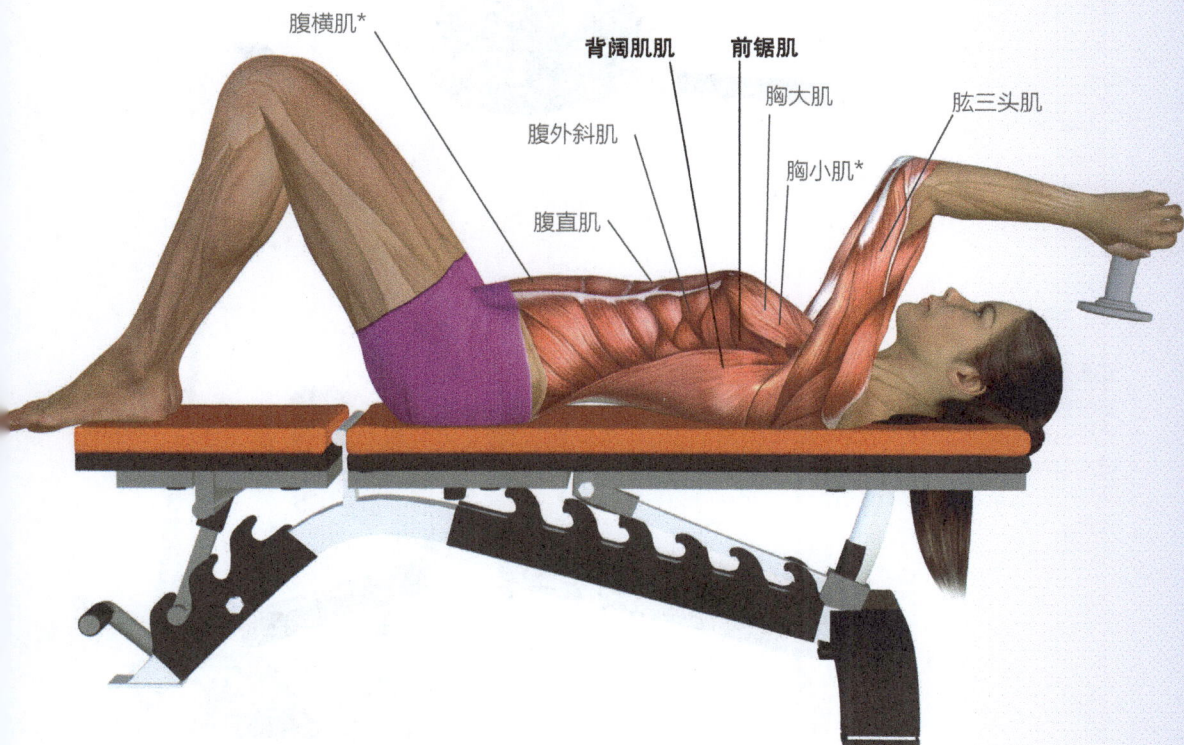

腹横肌*

背阔肌肌　前锯肌

腹外斜肌

胸大肌

肱三头肌

胸小肌*

腹直肌

屈臂支撑

正确做法
- 保持动作的幅度

避免
- 速度过快

① 开始时站在双杠的前部。

② 双手分别握住两个把手，然后伸展双臂向上推出至身体完全探出，同时握紧把手。

锻炼目标
- 胸部肌肉
- 肱三头肌
- 上背部
- 前臂
- 身体核心

益处
- 增加上半身的肌肉力量和体积

变化练习
降低难度：让一位搭档支撑腿部重量。
增加难度：在双腿之间放一个哑铃增加负重。

③ 降低身体至上臂和地面平行，然后返回开始时的动作。完成整个动作8~10次。

48

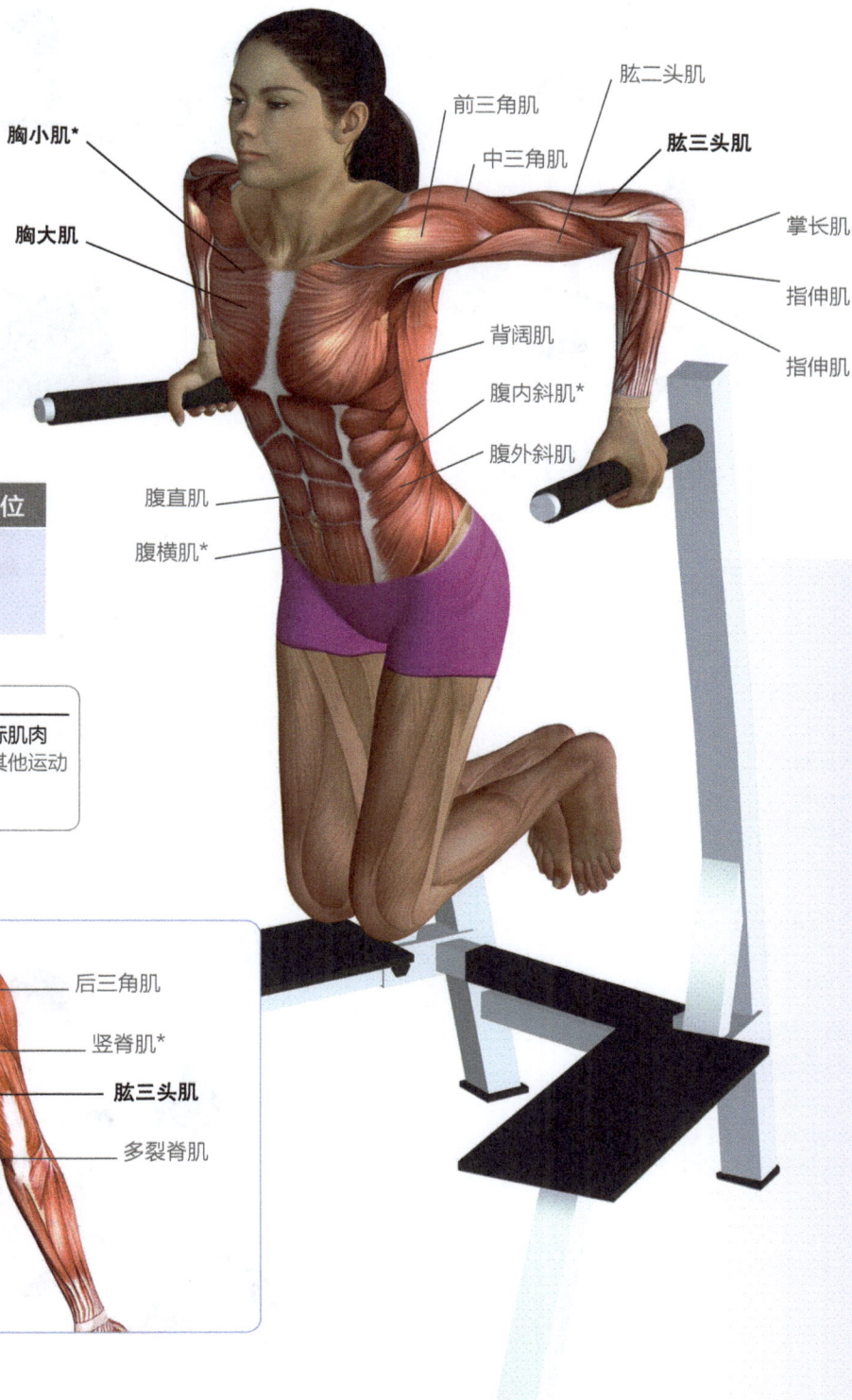

胸小肌*

胸大肌

前三角肌

中三角肌

肱二头肌

肱三头肌

掌长肌

指伸肌

指伸肌

背阔肌

腹内斜肌*

腹外斜肌

腹直肌

腹横肌*

最佳锻炼部位

- 胸大肌
- 胸小肌
- 肱三头肌

解析关键

黑体字代表目标肌肉
灰色字体代表其他运动
到的肌肉
*代表深层肌肉

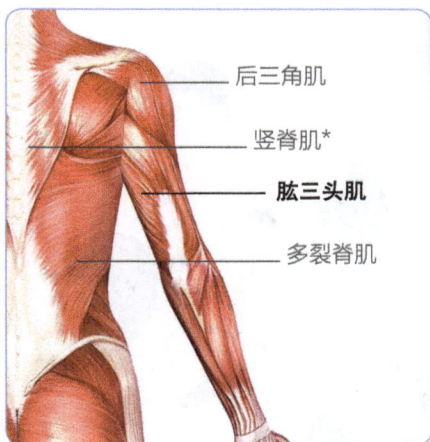

后三角肌

竖脊肌*

肱三头肌

多裂脊肌

俯身杠铃提拉

① 站在杠铃之后，双脚
分开与跨步同宽，使
小腿靠近杠铃杆。

② 弯曲双腿，使大腿几乎和地面平行，
然后双手握住杠铃杆，双手的距离比
肩宽略宽。

锻炼目标

- 腿部
- 上背部
- 前臂
- 身体核心

益处

- 增加上半身和大
  腿肌肉的力量和
  体积

变化练习

降低难度：使用更
轻的杠铃。

增加难度：改变双
脚的距离，双脚距
离增加会加大需要
的运动幅度，使练
习变得更难。

正确做法
- 保持后背挺直

避免
- 速度过快

③ 保持背部挺直，使膝盖伸直站
起，然后向上拉杠铃至肩部。

④ 降低杠铃至一臂的
高度，然后将杠铃
放到地面。重复整
个动作8~10次。

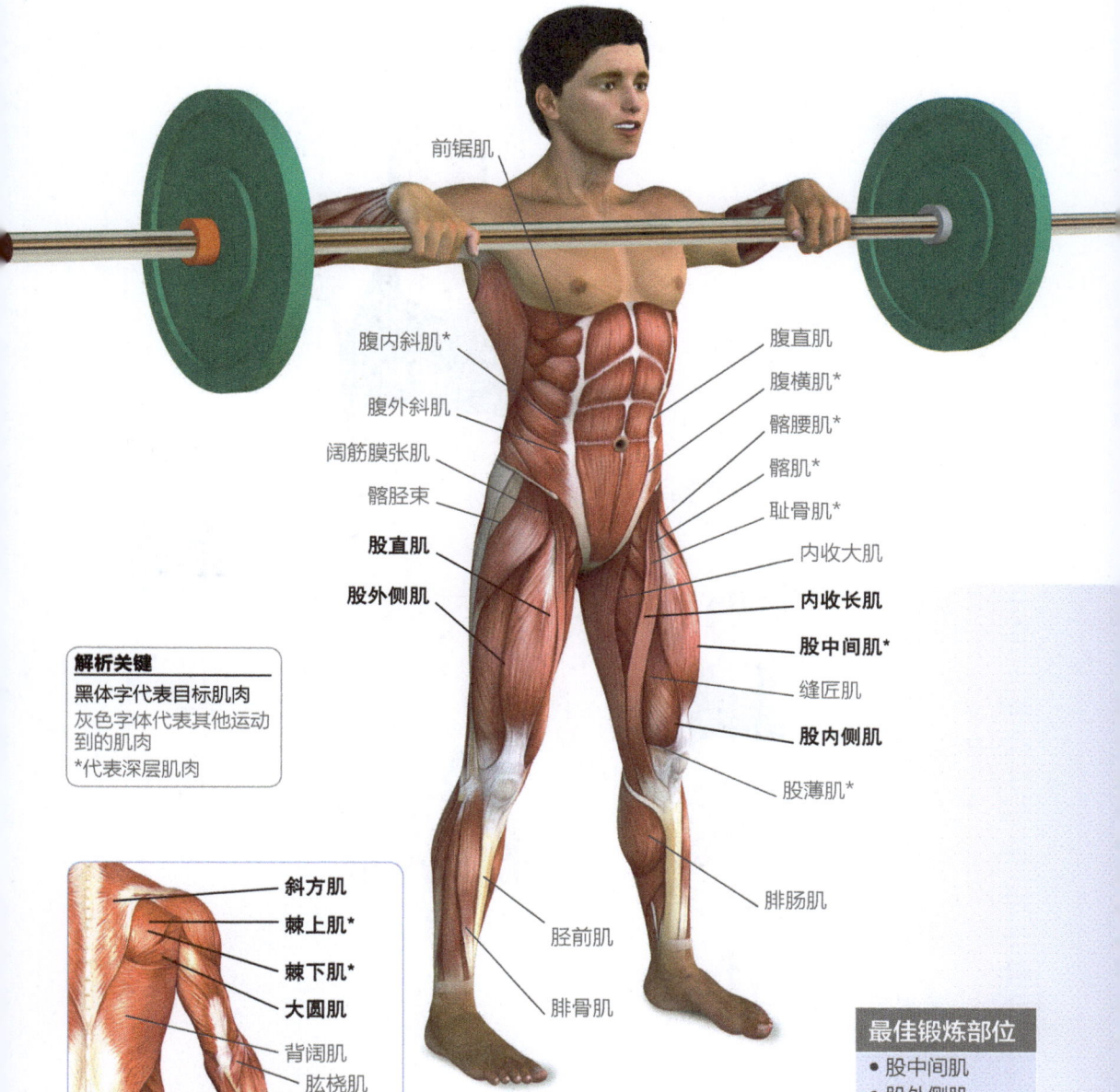

前锯肌

腹内斜肌*

腹外斜肌

阔筋膜张肌

髂胫束

股直肌

股外侧肌

腹直肌

腹横肌*

髂腰肌*

髂肌*

耻骨肌*

内收大肌

内收长肌

股中间肌*

缝匠肌

股内侧肌

股薄肌*

腓肠肌

胫前肌

腓骨肌

解析关键

黑体字代表目标肌肉
灰色字体代表其他运动
到的肌肉
*代表深层肌肉

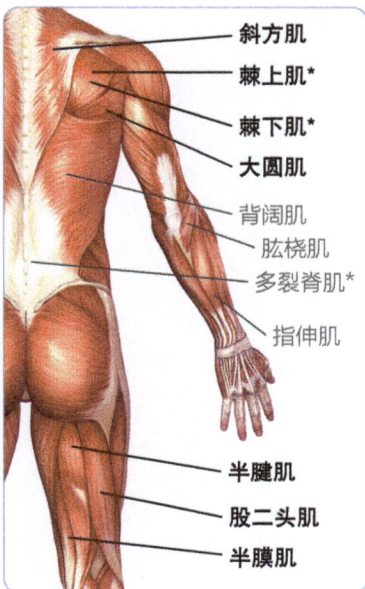

斜方肌

棘上肌*

棘下肌*

大圆肌

背阔肌

肱桡肌

多裂脊肌*

指伸肌

半腱肌

股二头肌

半膜肌

最佳锻炼部位

- 股中间肌
- 股外侧肌
- 股内侧肌
- 股直肌
- 内收长肌
- 半腱肌
- 股二头肌
- 半膜肌
- 斜方肌
- 棘上肌
- 棘下肌
- 大圆肌

反握颈前引体向上

正确做法
- 总是做完整幅度的动作

避免
- 整个身体突然落下

锻炼目标
- 下背阔肌
- 前臂
- 二头肌

益处
- 增加背部肌肉的力量和宽度

变化练习

降低难度： 让一位搭档帮助支撑双腿的重量。

增加难度： 在小腿之间放一个哑铃增加阻力。

❶ 站在单杠后方，伸臂上够，或站在一个凳子上。双手距离较近，反握横杆，使身体保持与横杆一臂的距离悬挂。

❷ 双腿交叉，脚踝靠拢，然后将身体向上拉。

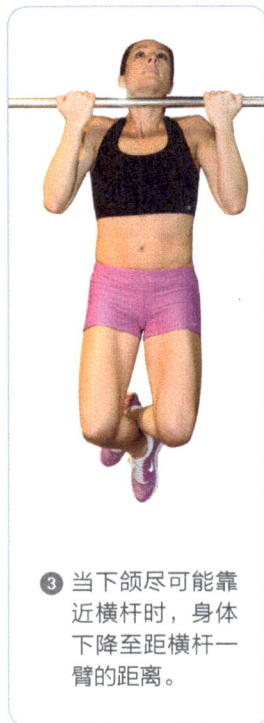

❸ 当下颌尽可能靠近横杆时，身体下降至距横杆一臂的距离。

最佳锻炼部位
- 背阔肌

解析关键
黑体字代表目标肌肉
灰色字体代表其他运动
到的肌肉
*代表深层肌肉

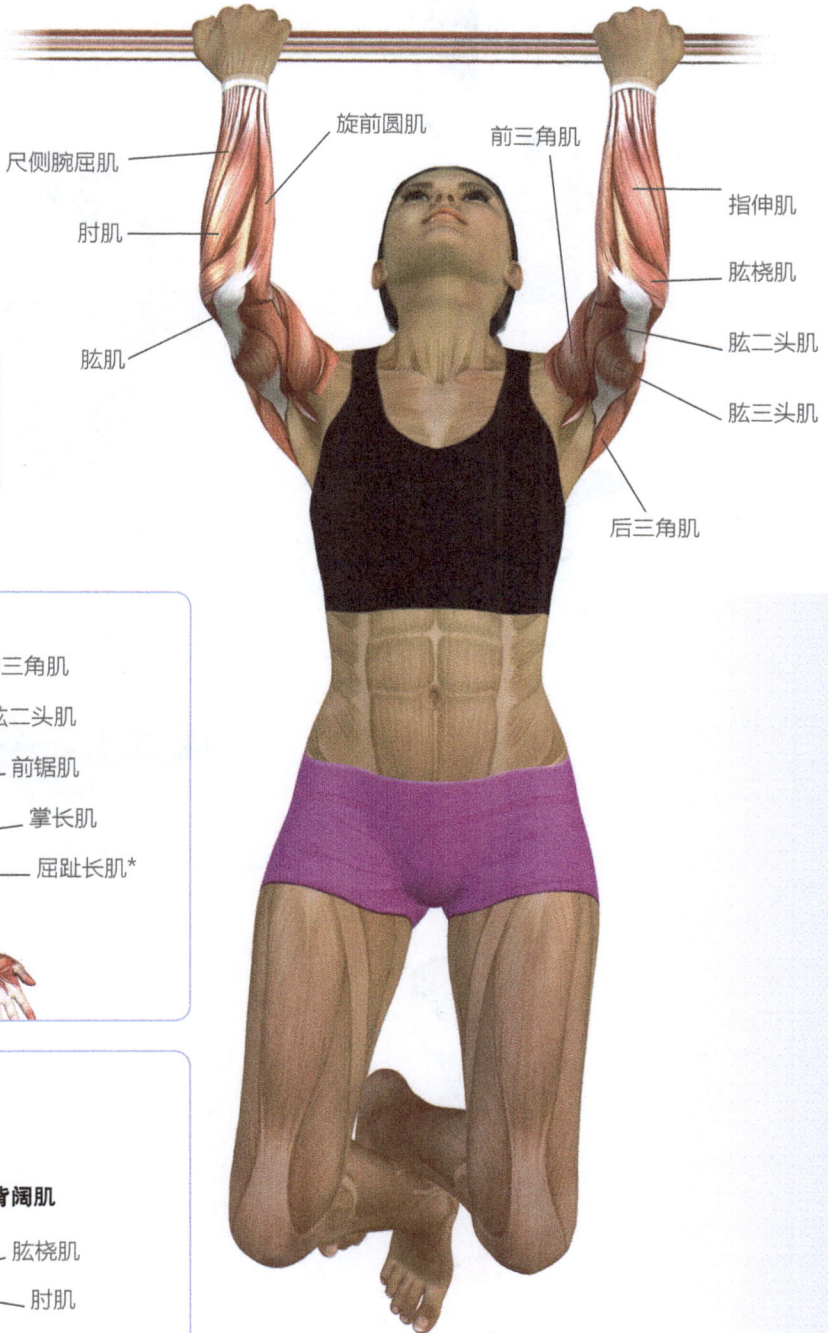

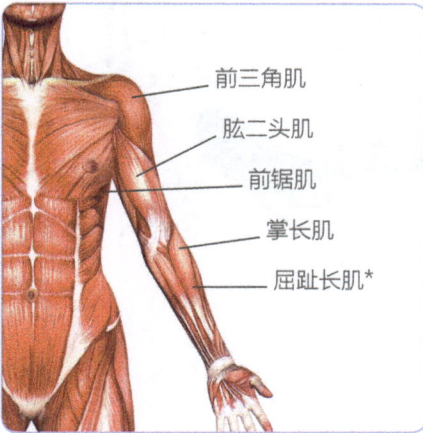

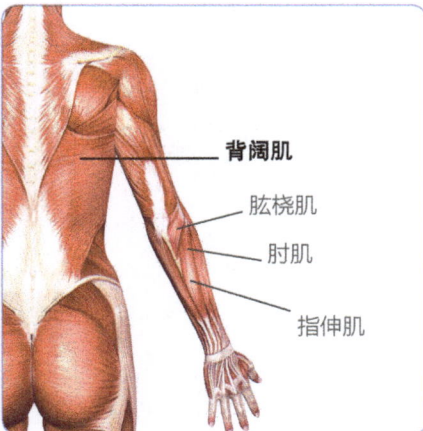

尺侧腕屈肌
肘肌
肱肌
旋前圆肌
前三角肌
指伸肌
肱桡肌
肱二头肌
肱三头肌
后三角肌

前三角肌
肱二头肌
前锯肌
掌长肌
屈趾长肌*

背阔肌
肱桡肌
肘肌
指伸肌

高滑轮下拉

1 在高拉滑轮机前采用坐姿。双手距离比肩略宽，举过头顶握住高拉滑轮机的把手。

2 下拉把手至胸部最上处。

锻炼目标
- 背阔肌
- 前臂
- 二头肌

益处
- 增加背部肌肉的力量和宽度

变化练习
降低难度： 尝试使两手间距更宽，从而减小动作幅度。
增加难度： 两手间距减小会使动作幅度增大，使练习变得更难。

3 完全伸展手臂至头顶，保持匀速。重复整个动作8~10次。

正确做法
- 总是坐直，保持背部平直

避免
- 将把手拉至颈后

54

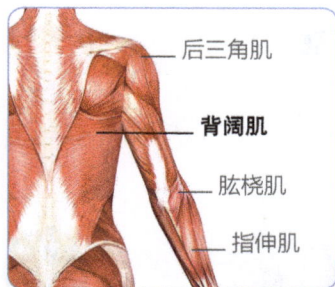

后三角肌
背阔肌
肱桡肌
指伸肌

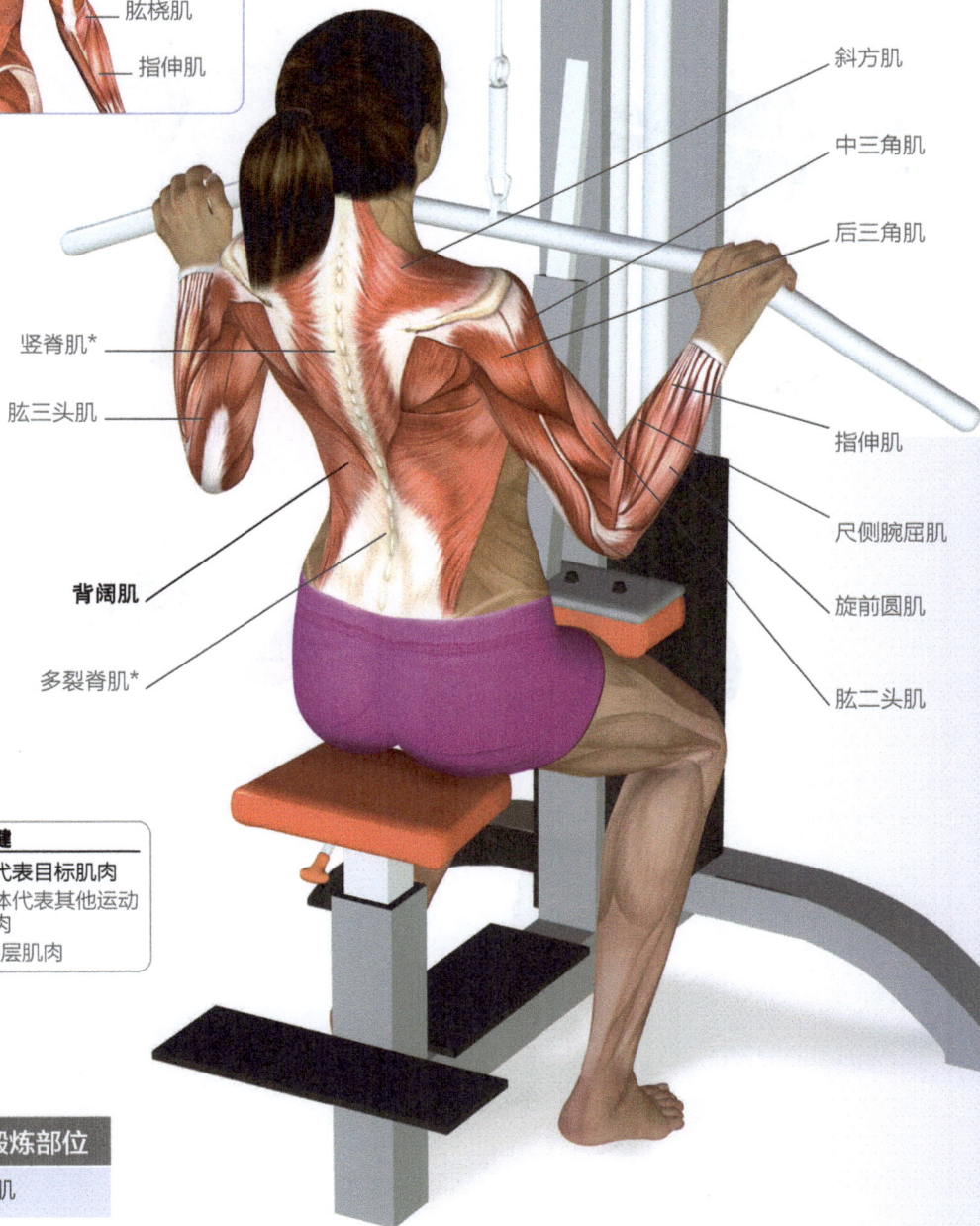

斜方肌

中三角肌

后三角肌

竖脊肌*

肱三头肌

指伸肌

尺侧腕屈肌

旋前圆肌

背阔肌

肱二头肌

多裂脊肌*

解析关键

黑体字代表目标肌肉
灰色字体代表其他运动
到的肌肉
*代表深层肌肉

最佳锻炼部位

• 背阔肌

杠铃弯举

① 采用站姿，双手反握拿起杠铃，伸直手臂，双手距离与肩同宽。

② 保持双肘在身体侧面，弯曲手臂，使双手手掌朝向胸部。

锻炼目标
- 二头肌
- 前臂
- 身体核心

益处
- 增加肱二头肌的力量和体积

③ 当杠铃靠近锁骨时，将把它放下，回到开始的位置。重复整个动作8~10次。

正确做法
- 保持动作的幅度

避免
- 用背部将杠铃摆起来

中三角肌

前三角肌

旋前圆肌

肱桡肌

腹直肌

腹横肌*

指伸肌*

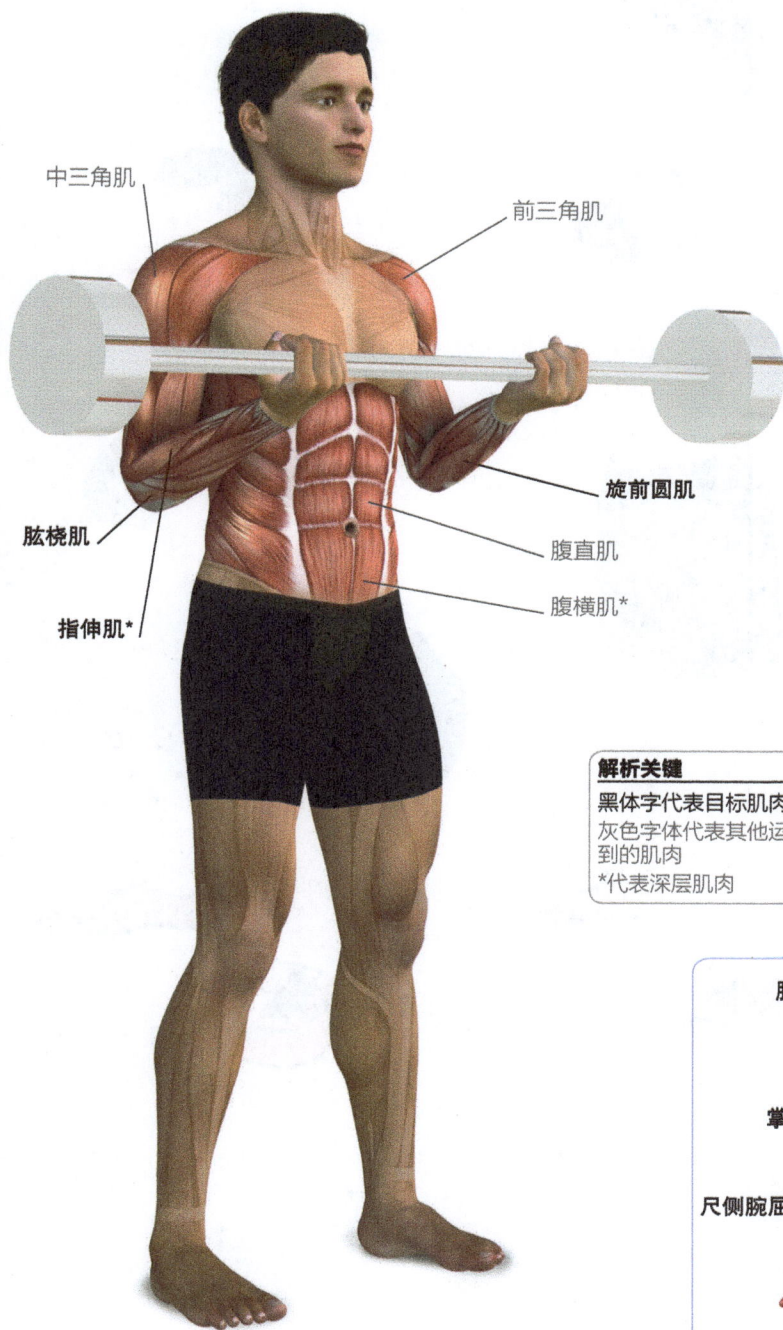

最佳锻炼部位

- 二头肌
- 掌长肌
- 旋前圆肌
- 伸趾长肌
- 尺侧腕屈肌
- 肱桡肌

解析关键

黑体字代表目标肌肉
灰色字体代表其他运动
到的肌肉
*代表深层肌肉

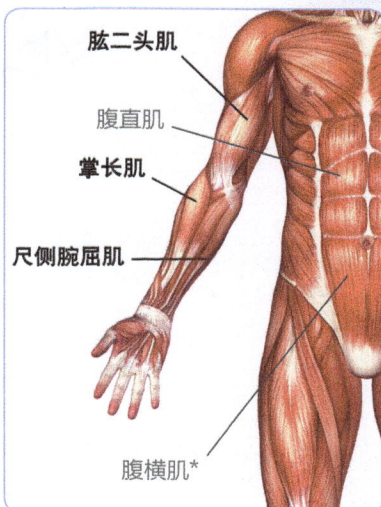

肱二头肌

腹直肌

掌长肌

尺侧腕屈肌

腹横肌*

57

壶铃深蹲

- 保持动作的幅度

避免
- 使膝盖过度超过你的脚趾

锻炼目标
- 四头肌
- 小腿
- 臀部
- 腿后腱
- 双肩

益处
- 帮助增加四头肌的力量

变化练习
降低难度： 增加双脚分开的距离减小动作的幅度。
增加难度： 减小双脚分开的距离加大动作的幅度。

❶ 采用站姿，双手提起一个壶铃，靠近胸部。双脚分开，略宽于肩宽，脚趾略向前伸。

❷ 蹲下至大腿和地面平行，将手肘带向大腿。

❸ 脚踝用力恢复站姿，同时保持后背挺直。重复整个动作8~10次。

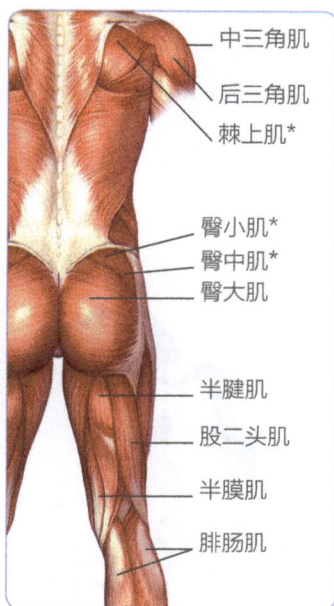

中三角肌
后三角肌
棘上肌*

臀小肌*
臀中肌*
臀大肌

半腱肌
股二头肌
半膜肌
腓肠肌

解析关键
黑体字代表目标肌肉
灰色字体代表其他运动
到的肌肉
*代表深层肌肉

最佳锻炼部位
- 股中间肌
- 股外侧肌
- 股中间肌
- 股直肌

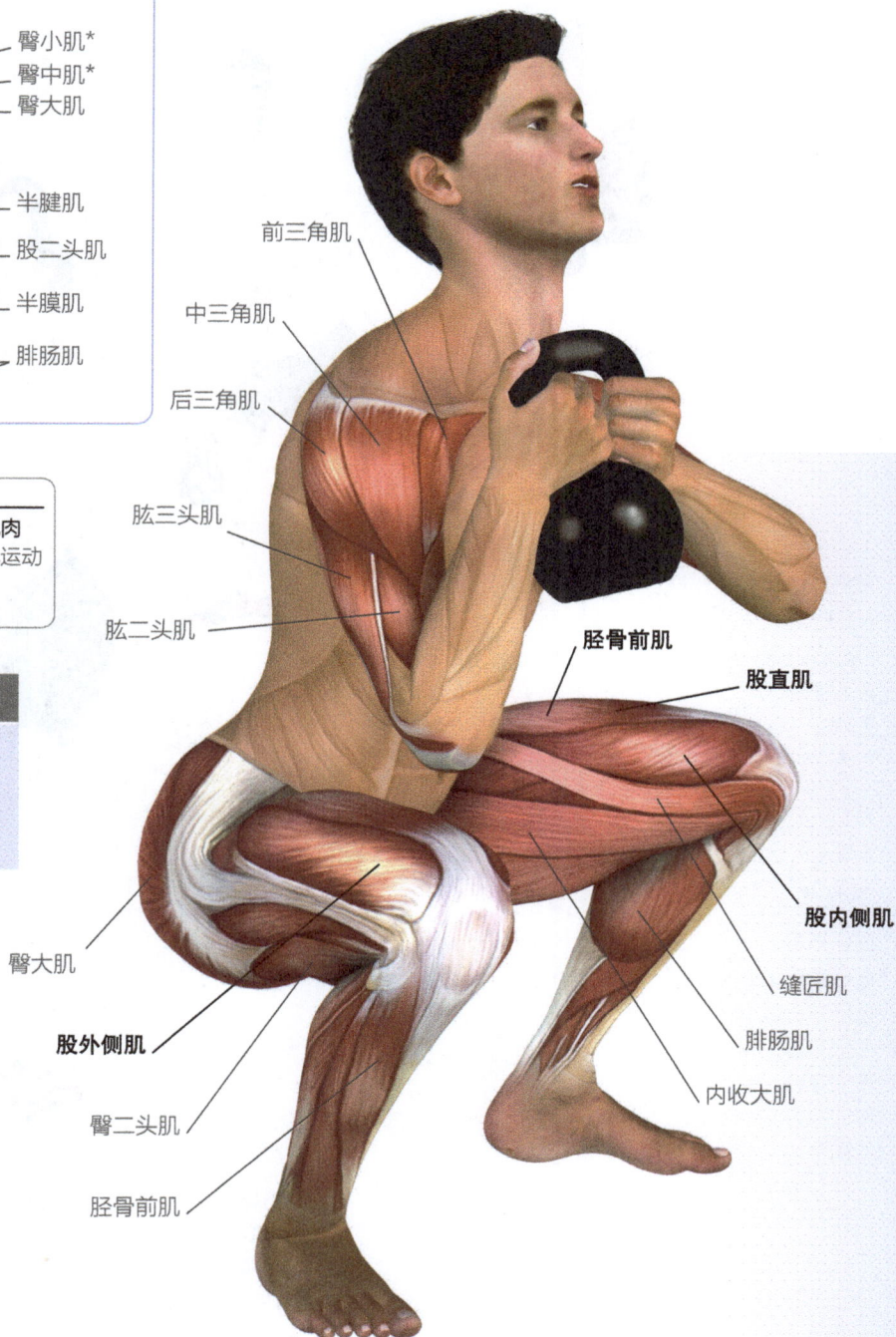

前三角肌
中三角肌
后三角肌
肱三头肌
肱二头肌
胫骨前肌
股直肌
股内侧肌
缝匠肌
腓肠肌
内收大肌
臀大肌
股外侧肌
臀二头肌
胫骨前肌

单臂提壶铃至肩

① 采用站姿，双脚分开与肩同宽，双膝微屈，一只手提壶铃。

② 弯曲双膝的同时臀部向后推，双眼直视前方。

锻炼目标
- 腿后腱
- 臀部
- 下背部
- 肩部
- 斜方肌

益处
- 帮助增加腿后腱的力量

变化练习
降低难度： 增加双脚的距离减小动作的幅度。
增加难度： 减小双脚的距离增加动作的幅度。

正确做法
- 使两侧肌肉协调工作

避免
- 提壶铃至肩时冲力过大

③ 转动腰部，拉伸腿部和臀部，将壶铃上提至肩部。回到开始动作。每只手臂重复整个动作8~10次。

单臂提壶铃至肩·力量训练

最佳锻炼部位
- 半腱肌
- 股二头肌
- 半膜肌

解析关键

黑体字代表目标肌肉
灰色字体代表其他运动
到的肌肉
*代表深层肌肉

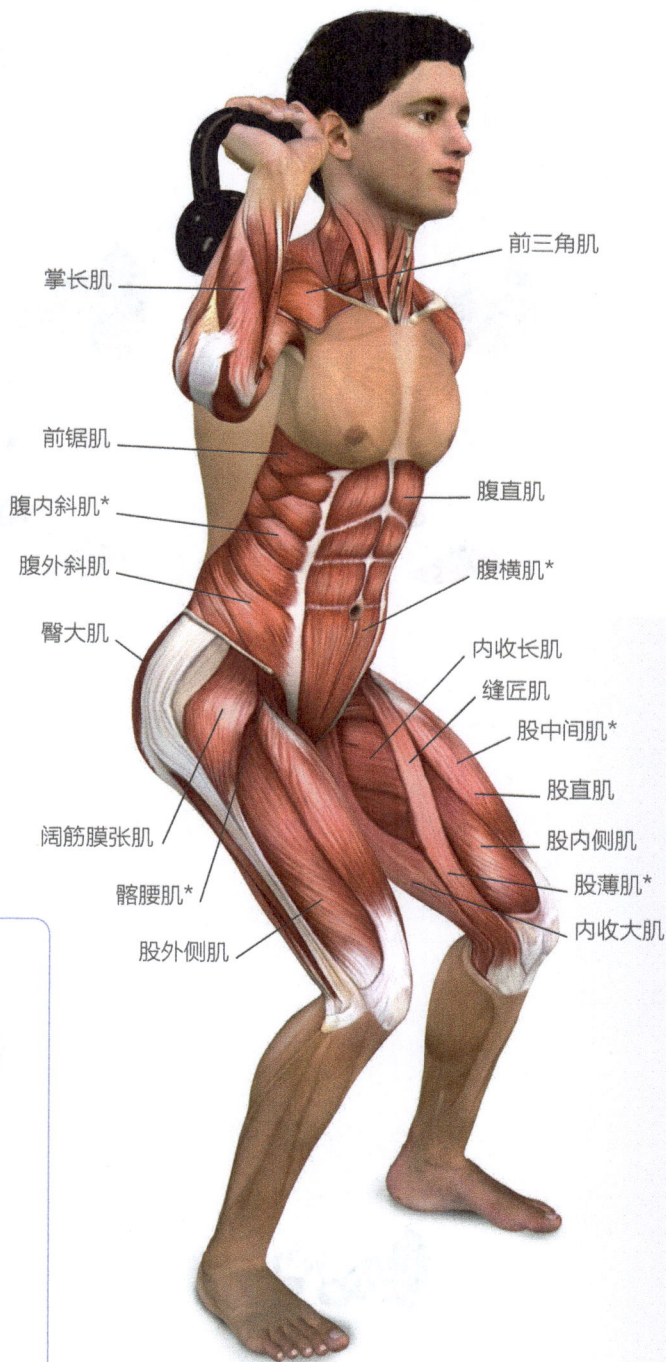

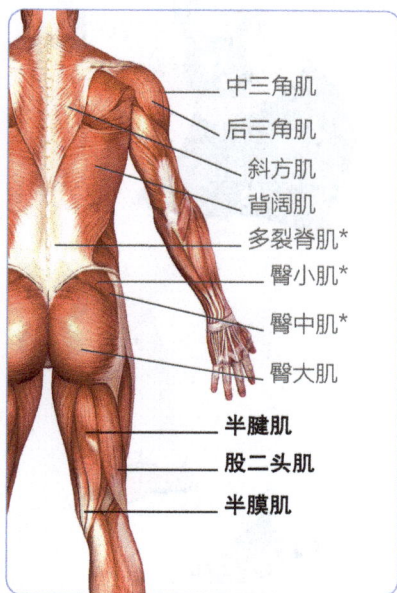

掌长肌

前三角肌

前锯肌

腹内斜肌*

腹直肌

腹外斜肌

腹横肌*

臀大肌

内收长肌

缝匠肌

股中间肌*

股直肌

阔筋膜张肌

股内侧肌

髂腰肌*

股薄肌*

内收大肌

股外侧肌

中三角肌

后三角肌

斜方肌

背阔肌

多裂脊肌*

臀小肌*

臀中肌*

臀大肌

半腱肌

股二头肌

半膜肌

61

壶铃交替划船

① 直立，双脚分开与肩同宽。双手握住一对壶铃置于身体前方，腰部稍向前弯曲，保持背部挺直。

② 肘部弯曲，将左手拉起至腹部，然后放下。

正确做法
- 保持背部挺直

避免
- 旋转身体核心

锻炼目标
- 后背中部
- 二头肌
- 背阔肌

益处
- 增加后背中部的力量

变化练习
降低难度： 两只壶铃同时提起（如下图所示）。
增加难度： 将一条腿抬离地面，挑战更高难度。

③ 之后，将右手拉起然后放下。每只手重复完成整个动作8~10次。

壶铃交替划船·力量训练

最佳锻炼部位

- 斜方肌
- 菱形肌
- 背阔肌
- 竖脊肌
- 多裂脊肌

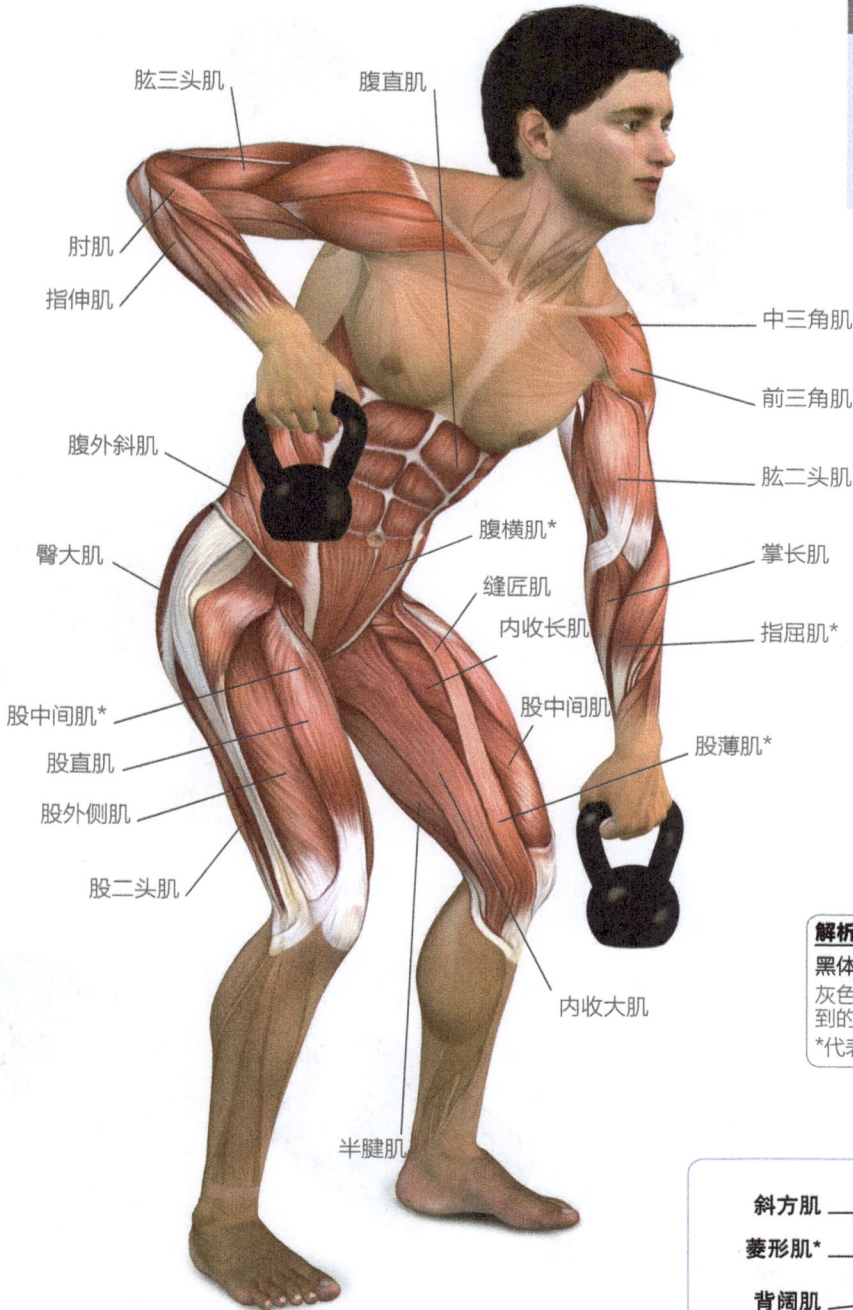

肱三头肌

腹直肌

肘肌

指伸肌

中三角肌

前三角肌

腹外斜肌

肱二头肌

臀大肌

腹横肌*

缝匠肌

内收长肌

掌长肌

指屈肌*

股中间肌*

股直肌

股中间肌

股外侧肌

股薄肌*

股二头肌

内收大肌

半腱肌

解析关键

黑体字代表目标肌肉
灰色字体代表其他运动
到的肌肉
*代表深层肌肉

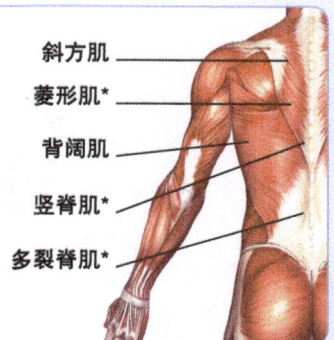

斜方肌

菱形肌*

背阔肌

竖脊肌*

多裂脊肌*

63

壶铃交替俯卧撑划船

1 双手各拿一个壶铃，采用俯卧撑姿势在地面撑稳。

正确做法
- 保持身体核心稳定、挺直

避免
- 摔倒或壶铃掉下冲击地面

锻炼目标
- 后背中部
- 腹部
- 二头肌
- 背阔肌
- 三头肌

益处
- 锻炼后背中部的力量

2 将右手的壶铃拉向胸部，左臂伸直，将壶铃向地面推，同时撑起脚趾，保持身体核心稳定且与地面平行。

壶铃交替俯卧撑划船·力量训练

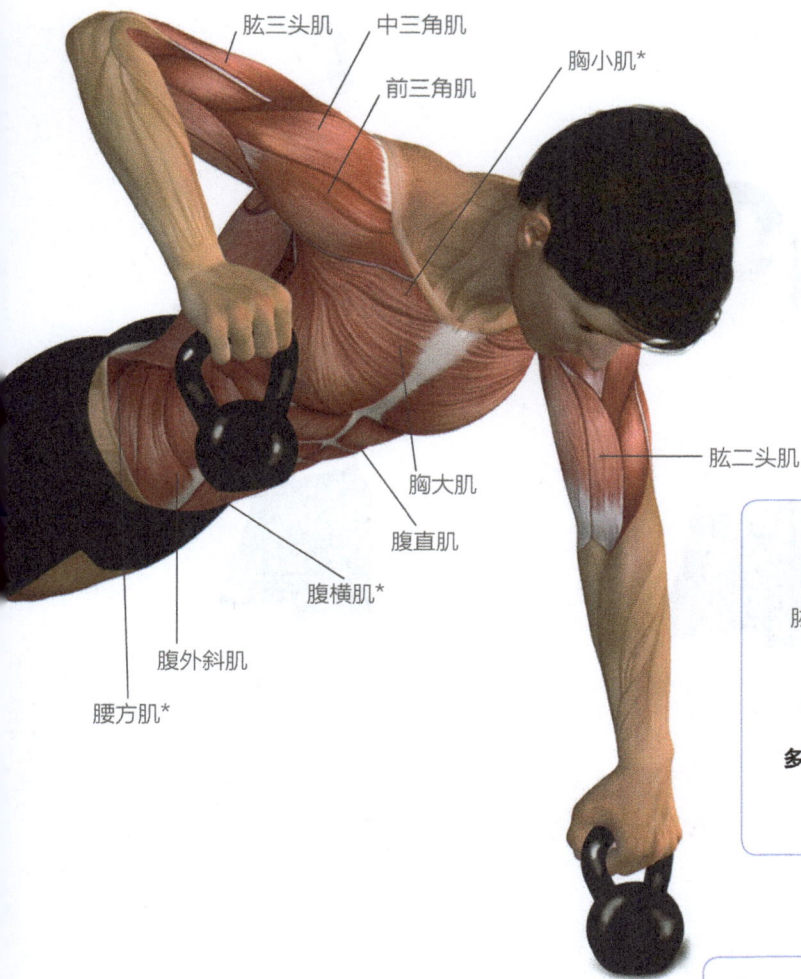

肱三头肌　中三角肌

前三角肌

胸小肌*

最佳锻炼部位

- 斜方肌
- 菱形肌
- 背阔肌
- 竖脊肌
- 多裂脊肌

解析关键

黑体字代表目标肌肉
灰色字体代表其他运动
到的肌肉
*代表深层肌肉

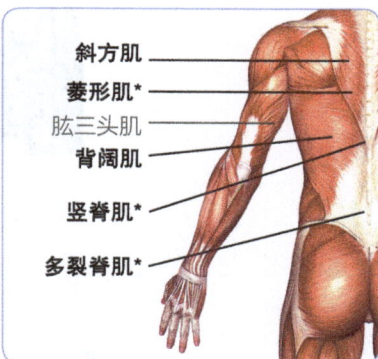

肱二头肌

胸大肌

腹直肌

腹横肌*

腹外斜肌

腰方肌*

斜方肌
菱形肌*
肱三头肌
背阔肌
竖脊肌*
多裂脊肌*

变化练习

降低难度: 仅一只手提壶铃做划船动作,另一只手在地面支撑。重复10次后换手。

增加难度: 将一条腿抬离地面(如下图所示),挑战更高难度。

❸ 放下手臂,然后换左边手臂重复这个动作。每只手臂重复完成整个动作8~10次。

壶铃交替上推

避免
- 向后倒得太多

锻炼目标
- 三角肌
- 三头肌

益处
- 增加肩部肌肉力量

① 双脚分开与肩同宽站立，双手提一对壶铃置于肩部侧面，双手手掌相对。

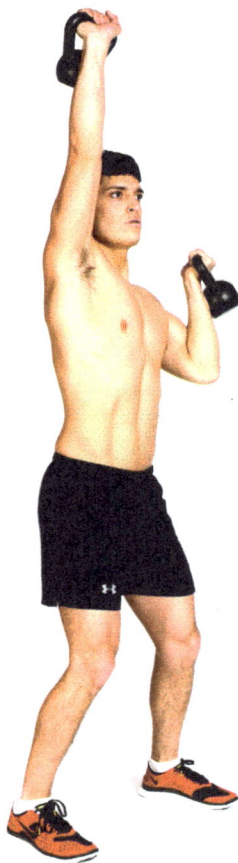

② 将右边的壶铃直接举过头顶，直到手臂锁紧，在这个动作中将手掌转向前方。尽可能保持另一只壶铃静止不动。

变化练习

降低难度：双臂同时上推（如右图所示）。
增加难度：将一条腿抬离地面，挑战更高难度。

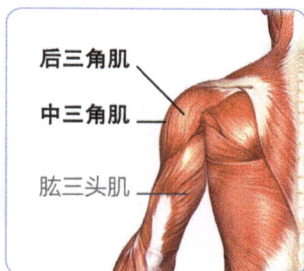

后三角肌
中三角肌
肱三头肌

解析关键
黑体字体代表目标肌肉
灰色字体代表其他运动
到的肌肉
*代表深层肌肉

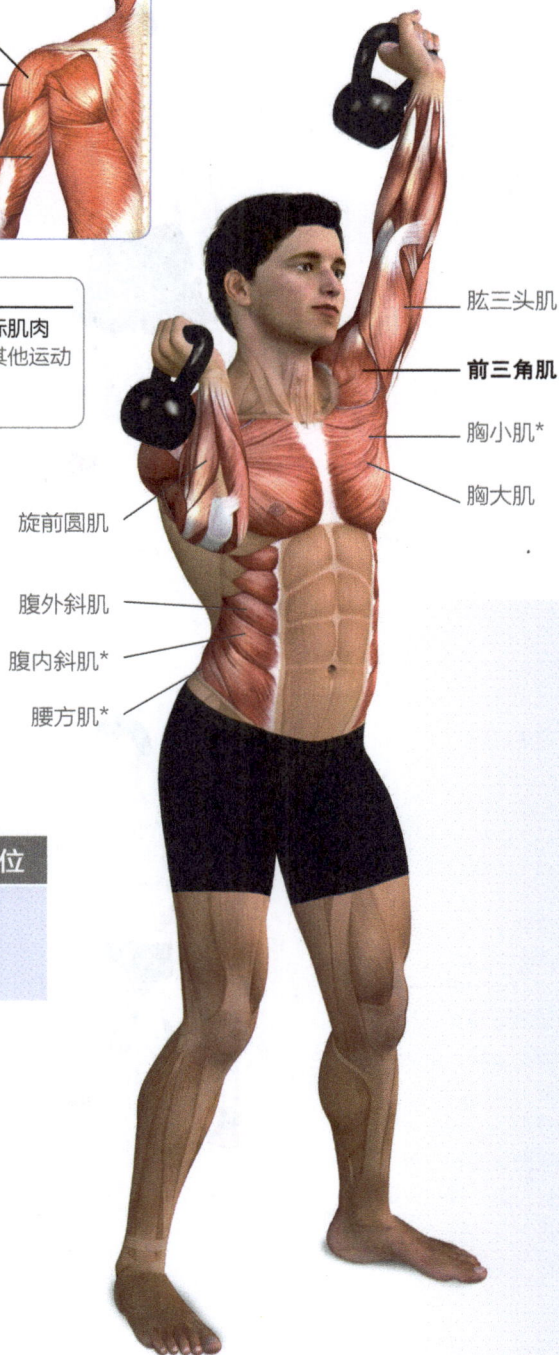

肱三头肌
前三角肌
胸小肌*
胸大肌
旋前圆肌
腹外斜肌
腹内斜肌*
腰方肌*

最佳锻炼部位

- 前三角肌
- 后三角肌
- 中三角肌

❸ 放下右臂，同时将手掌转回面
向自己的方向，然后使用左臂
完成这个动作。每只手臂重复
完成整个动作8~10次。

双壶铃抓举

正确做法
- 保持后背挺直

避免
- 动作过快，过度使用双肩

① 双脚分开比肩宽略宽站立，双手提一对壶铃置于身体两侧。

锻炼目标
- 三角肌
- 臀部肌肉
- 四头肌
- 腿后腱

益处
- 腹外斜肌

变化练习

降低难度： 使用双手，且只提一个壶铃。

增加难度： 交替抬起手臂，每次只提起一个壶铃。

② 蹲下，上身微向前倾，臀部向后顶。将双臂放于两腿之间，使壶铃置于大腿内侧。

③ 臀部快速用力，一气呵成地将壶铃摆至头顶。放下壶铃。重复整个动作8~10次。

最佳锻炼部位

- 前三角肌
- 中三角肌
- 后三角肌

解析关键
黑体字代表目标肌肉
灰色字体代表其他运动
到的肌肉
*代表深层肌肉

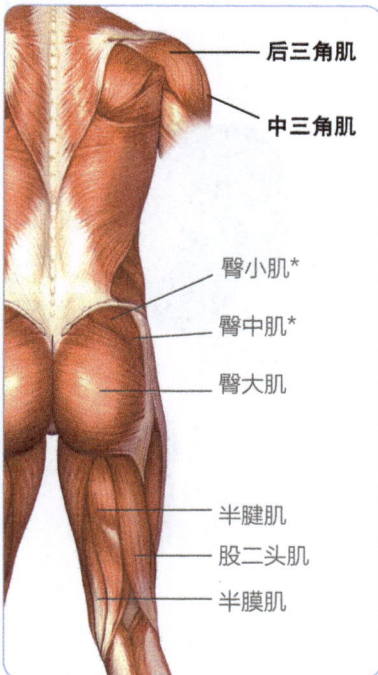

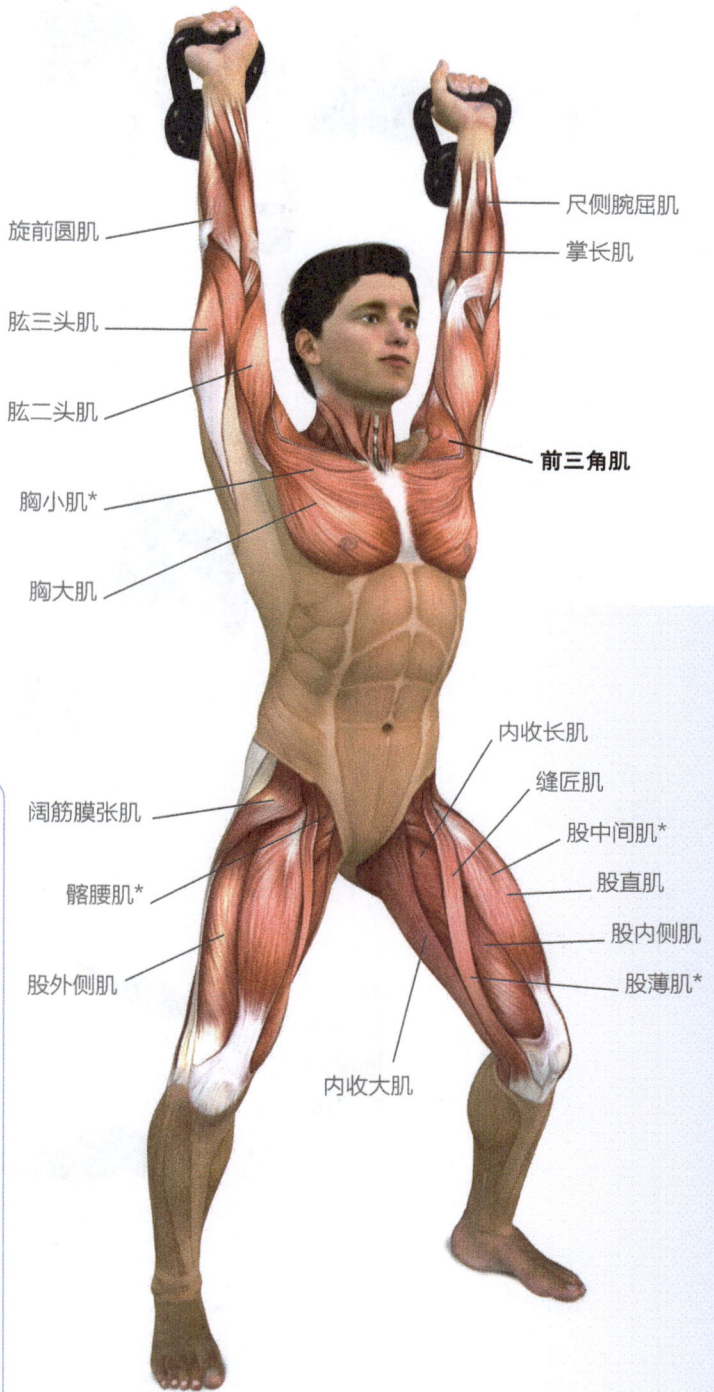

旋前圆肌

肱三头肌

肱二头肌

胸小肌*

胸大肌

尺侧腕屈肌

掌长肌

前三角肌

内收长肌

缝匠肌

股中间肌*

股直肌

股内侧肌

股薄肌*

阔筋膜张肌

髂腰肌*

股外侧肌

内收大肌

后三角肌

中三角肌

臀小肌*

臀中肌*

臀大肌

半腱肌

股二头肌

半膜肌

增强壶铃俯卧撑

❶ 做一个经典的俯卧撑动作，使用脚趾进行支撑，一只手撑住地面，另一只手抓住一只壶铃，俯下身体直至上臂和地面平行。

正确做法
- 保持后背平直

避免
- 过度反弹和利用冲力

❷ 迅速推手至完全伸直手臂。然后，换另一只手握住壶铃。

锻炼目标
- 胸部肌肉
- 肩部
- 三头肌

益处
- 增强胸部力量

❸ 再次俯下身体，每次将后背推起时换手。重复整个动作每边8~10次。

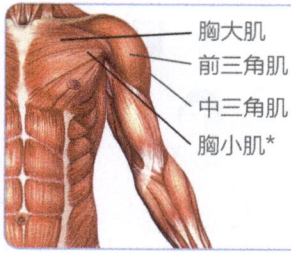

胸大肌
前三角肌
中三角肌
胸小肌*

变化练习

降低难度： 保持使用同一只手支撑地面。

增加难度： 做俯卧撑时两手同时握住壶铃（如左图所示）。

解析关键

黑体字代表目标肌肉

灰色字体代表其他运动到的肌肉

*代表深层肌肉

最佳锻炼部位

- 胸大肌
- 胸小肌

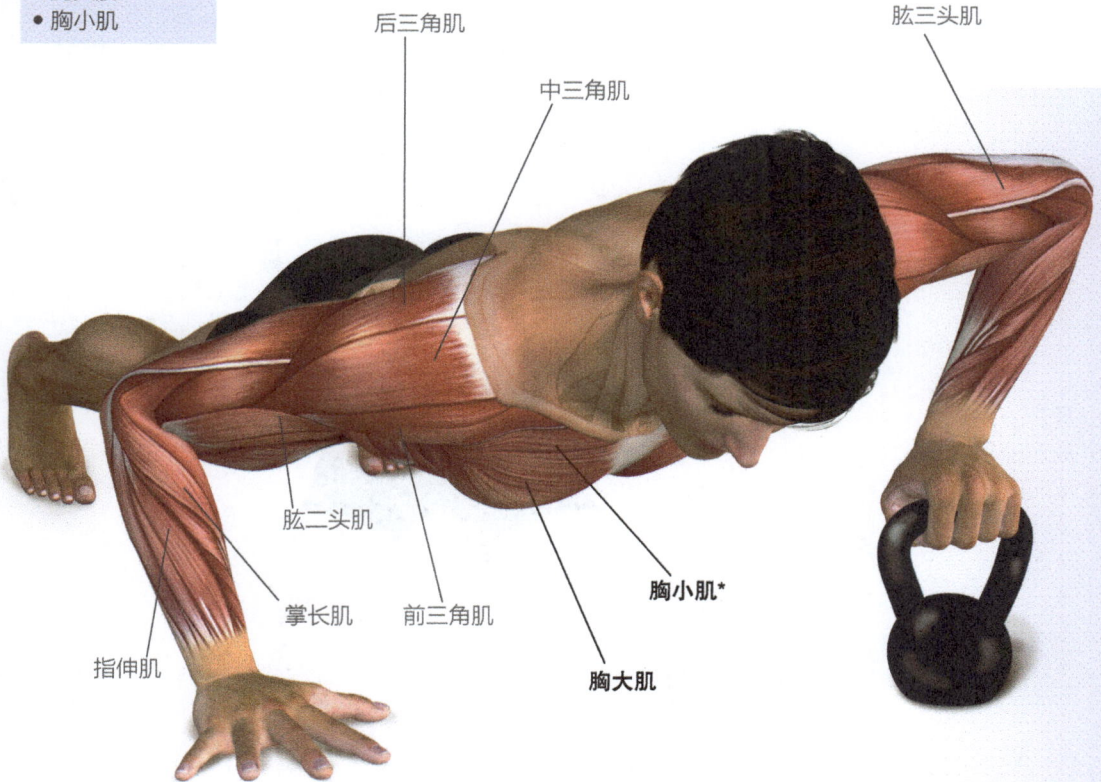

后三角肌

中三角肌

肱三头肌

肱二头肌

掌长肌

前三角肌

指伸肌

胸小肌*

胸大肌

高级壶铃风车

正确做法
- 保持后背平直

避免
- 过度反弹和利用冲力

锻炼目标
- 腹部
- 臀部
- 腿后腱
- 双肩

益处
- 增加腹部肌肉
  力量

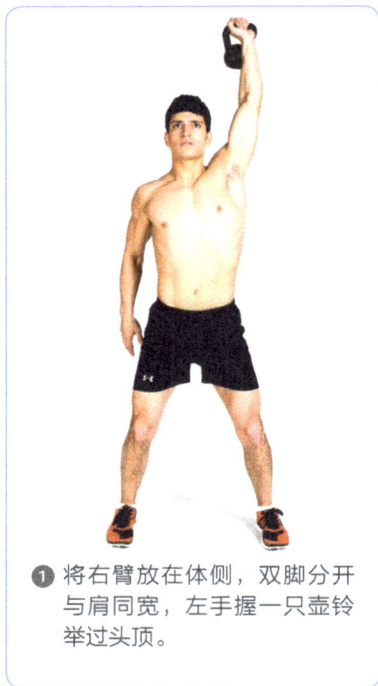

① 将右臂放在体侧，双脚分开与肩同宽，左手握一只壶铃举过头顶。

② 将左侧臀部向左侧推出，稍微屈膝，同时尽可能向右侧降低躯干。停顿然后回到开始动作。每只手臂重复完成整个动作8~10次。

高级壶铃风车·力量训练

最佳锻炼部位

- 腹直肌
- 腹横机

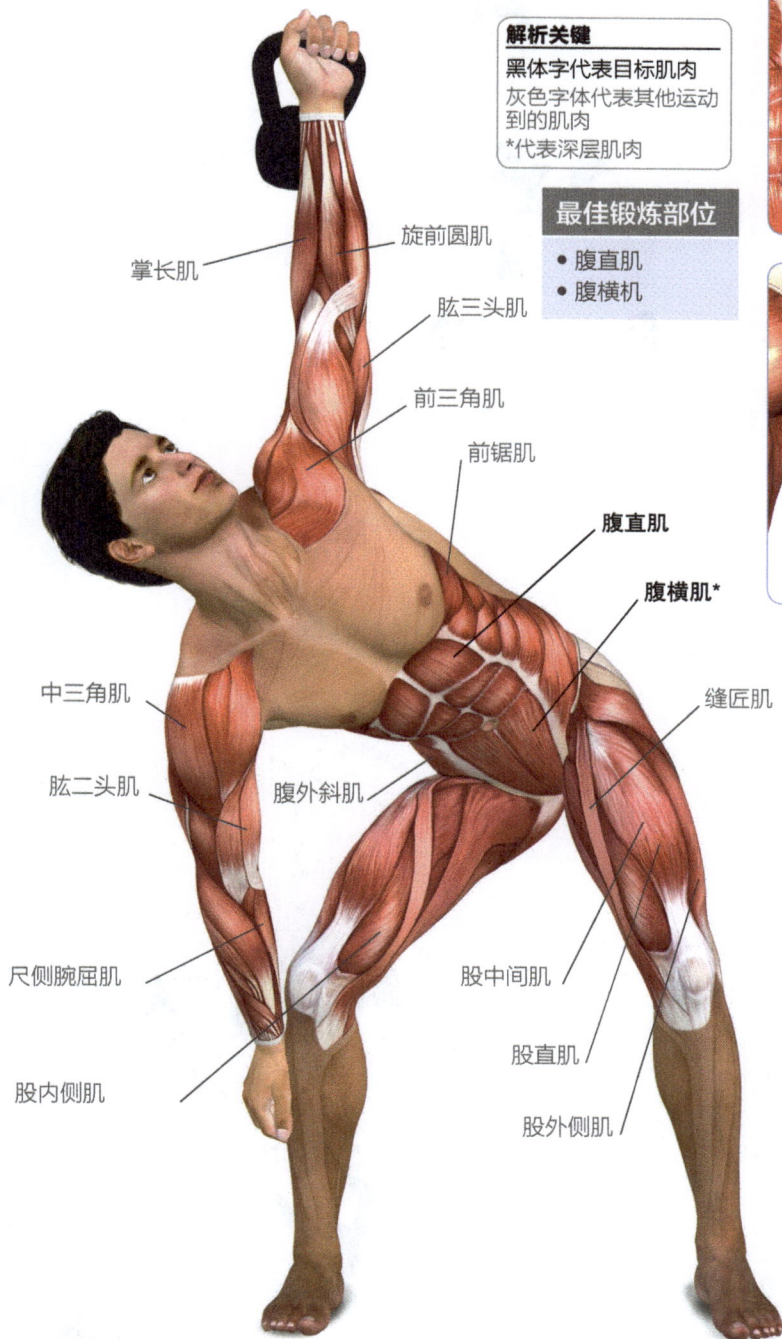

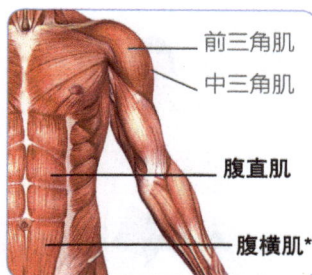

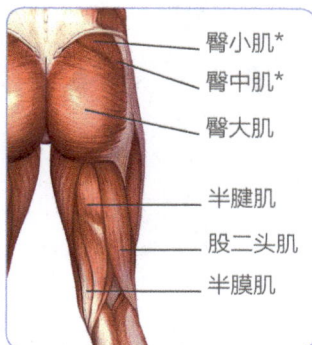

前三角肌

中三角肌

腹直肌

腹横肌*

臀小肌*

臀中肌*

臀大肌

半腱肌

股二头肌

半膜肌

掌长肌

旋前圆肌

肱三头肌

前三角肌

前锯肌

腹直肌

腹横肌*

缝匠肌

中三角肌

肱二头肌

腹外斜肌

尺侧腕屈肌

股中间肌

股直肌

股内侧肌

股外侧肌

变化练习

降低难度: 做此项练习不使用壶铃。

73

壶铃8字绕腿

① 双腿间距较宽站立，右手握一只壶铃，置于两腿之间，靠近右侧大腿，身体稍稍前倾。保持后背挺直，腿部向后推出。

② 将壶铃带向左腿，用左手从左腿下方接住壶铃。

正确做法
- 保持背部平直

避免
- 过度反弹和依赖冲力

锻炼目标
- 腹部肌肉
- 腿后腱
- 肩部

益处
- 增加腹部肌肉的力量

③ 使用左手重复这个动作，使壶铃绕过左腿前方，从右腿下方交给右手。这样就围绕固定腿形成了数字8的形状。

④ 在双手之间传递20次。

最佳锻炼部位

- 腹直肌
- 腹横肌

变化练习

降低难度： 做此项练习时不使用壶铃，而只是击掌。

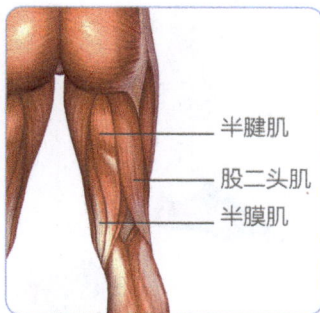

半腱肌
股二头肌
半膜肌

解析关键

黑体字代表目标肌肉
灰色字体代表其他运动到的肌肉
*代表深层肌肉

腹直肌

腹横肌*

股直肌

中三角肌

前三角肌

肱二头肌

肱三头肌

股中间肌*

股外侧肌

股内侧肌

壶铃弯举

锻炼目标

- 前臂
- 二头肌
- 肩部

益处

- 增加前臂的力量

正确做法

- 保持背部挺直

避免

- 松握壶铃杆

① 笔直站立，两脚分开与肩同宽，左手握一只壶铃，将壶铃向身后摆，然后用力将壶铃向前带至头部上方。在做这个动作时握紧壶铃把手。

② 当上臂与地面平行时，保持这个姿势，然后放下手臂。重复完成整个动作8~10次，然后换手。

最佳锻炼部位

- 掌长肌
- 尺侧腕屈肌
- 旋前圆肌
- 指屈肌
- 肘肌
- 指伸肌

解析关键

黑体字代表目标肌肉
灰色字体代表其他运动
到的肌肉
*代表深层肌肉

指伸肌

肘肌

前三角肌

中三角肌

肱二头肌

肱三头肌

胸小肌*

胸大肌

变化练习

降低难度： 尝试做这个
动作时不使用壶铃。

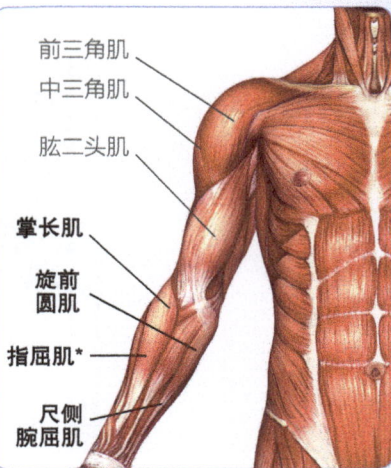

前三角肌
中三角肌
肱二头肌

掌长肌

**旋前
圆肌**

指屈肌*

**尺侧
腕屈肌**

77

拉力器横向拉伸

① 双脚分开与肩同宽站立，双手在身前握住拉力器的两个把手。双手之间的距离与肩同宽。

正确做法
- 保持肩部向后

避免
- 跟随冲力做这个动作

锻炼目标
- 肩部
- 中背部
- 斜方肌

益处
- 增加肩部肌肉的力量

② 做一个飞的姿势，使拉力器跨过胸部向两侧拉伸，同时保持手心向下，停顿一段时间，然后回到开始动作。重复整个动作10~15次。

斜角肌*

前三角肌

斜方肌

掌长肌

肱三头肌

肱二头肌

胸小肌*

胸大肌

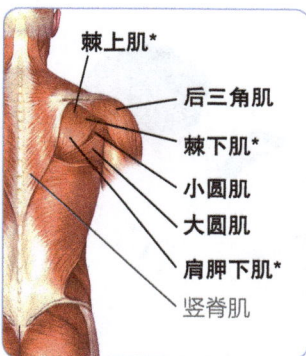

棘上肌*

后三角肌

棘下肌*

小圆肌

大圆肌

肩胛下肌*

竖脊肌

解析关键

黑体字代表目标肌肉

灰色字体代表其他运动
到的肌肉

*代表深层肌肉

最佳锻炼部位

- 棘上肌
- 棘下肌
- 肩胛下肌
- 前三角肌
- 中三角肌
- 后三角肌
- 大圆肌
- 小圆肌

拉力器俯身挺背（拉起）

① 将拉力器绕过一根柱子的下方，向后退一小段距离，将拉力器两端置于头后；使拉力器骑在颈部后方，用双手将其拉住。

正确做法
- 保持背部挺直，臀部向后顶出

避免
- 动作幅度过大

锻炼目标
- 腿后腱
- 臀部
- 下背部

益处
- 增加腿后腱的力量

② 保持双脚分开与肩同宽，双膝略弯，背部挺直，上身向前倾，直到背部几乎和地面平行。臀部用力回到开始时的姿势。重复完成整个动作12~15次。

拉力器俯身挺背（拉起）·力量训练

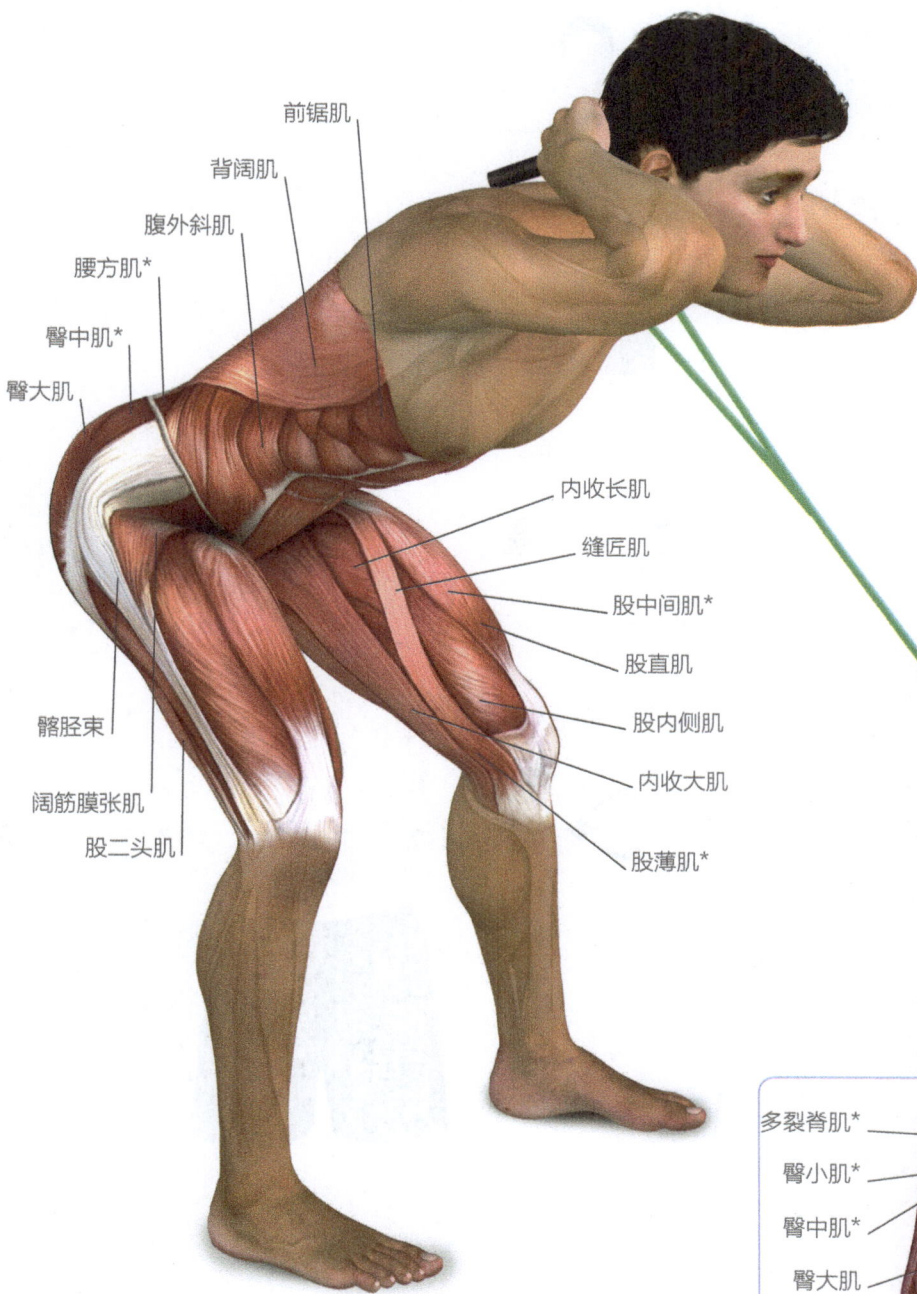

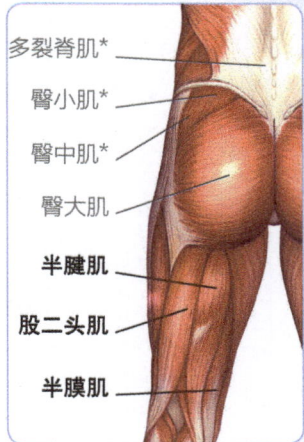

前锯肌

背阔肌

腹外斜肌

腰方肌*

臀中肌*

臀大肌

髂胫束

阔筋膜张肌

股二头肌

内收长肌

缝匠肌

股中间肌*

股直肌

股内侧肌

内收大肌

股薄肌*

多裂脊肌*

臀小肌*

臀中肌*

臀大肌

半腱肌

股二头肌

半膜肌

最佳锻炼部位

- 半腱肌
- 股二头肌
- 半膜肌

解析关键

黑体字代表目标肌肉
灰色字体代表其他运动
到的肌肉
*代表深层肌肉

拉力器外侧旋转

① 将一根拉力器的一端固定在柱子的手肘高度，右手握住另一端的把手，保持上臂紧贴到身体侧面，前臂与地面保持平行。

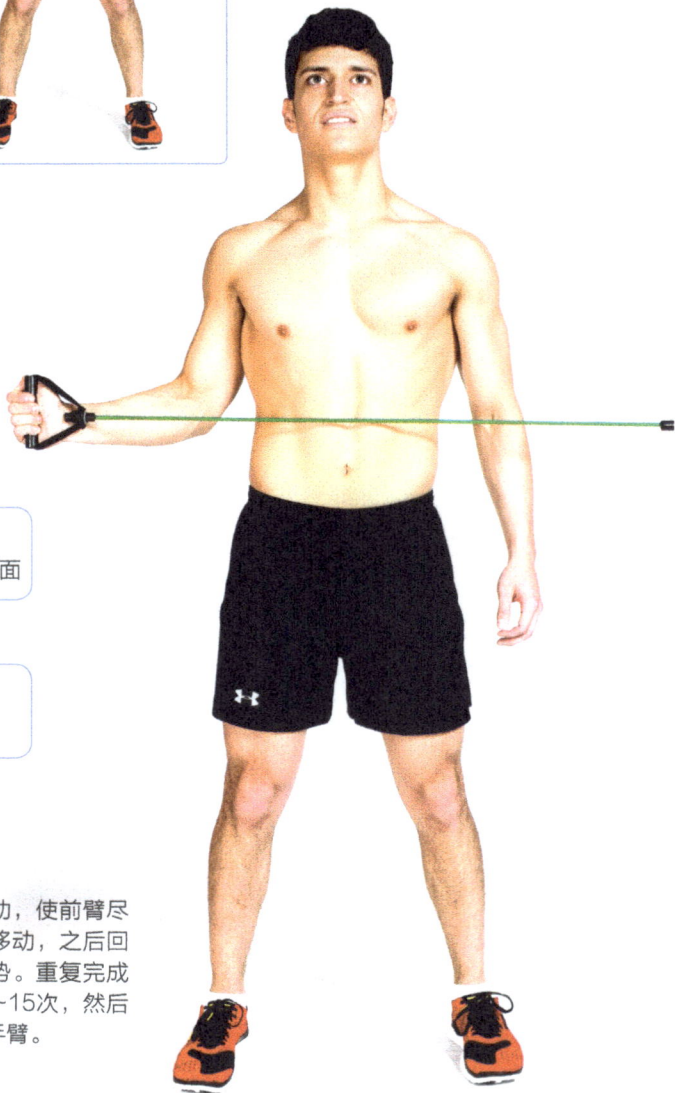

锻炼目标

• 肩部

益处

• 增加肩部力量

正确做法

• 保持上臂贴住身体侧面

避免

• 节奏过快

② 保持上臂不动，使前臂尽可能向侧面移动，之后回到开始的姿势。重复完成整个动作12~15次，然后更换另一只手臂。

拉力器外侧旋转·力量训练

最佳锻炼部位

- 棘上肌
- 棘下肌
- 前三角肌
- 中三角肌
- 后三角肌
- 大圆肌
- 小圆肌
- 斜方肌
- 菱形肌

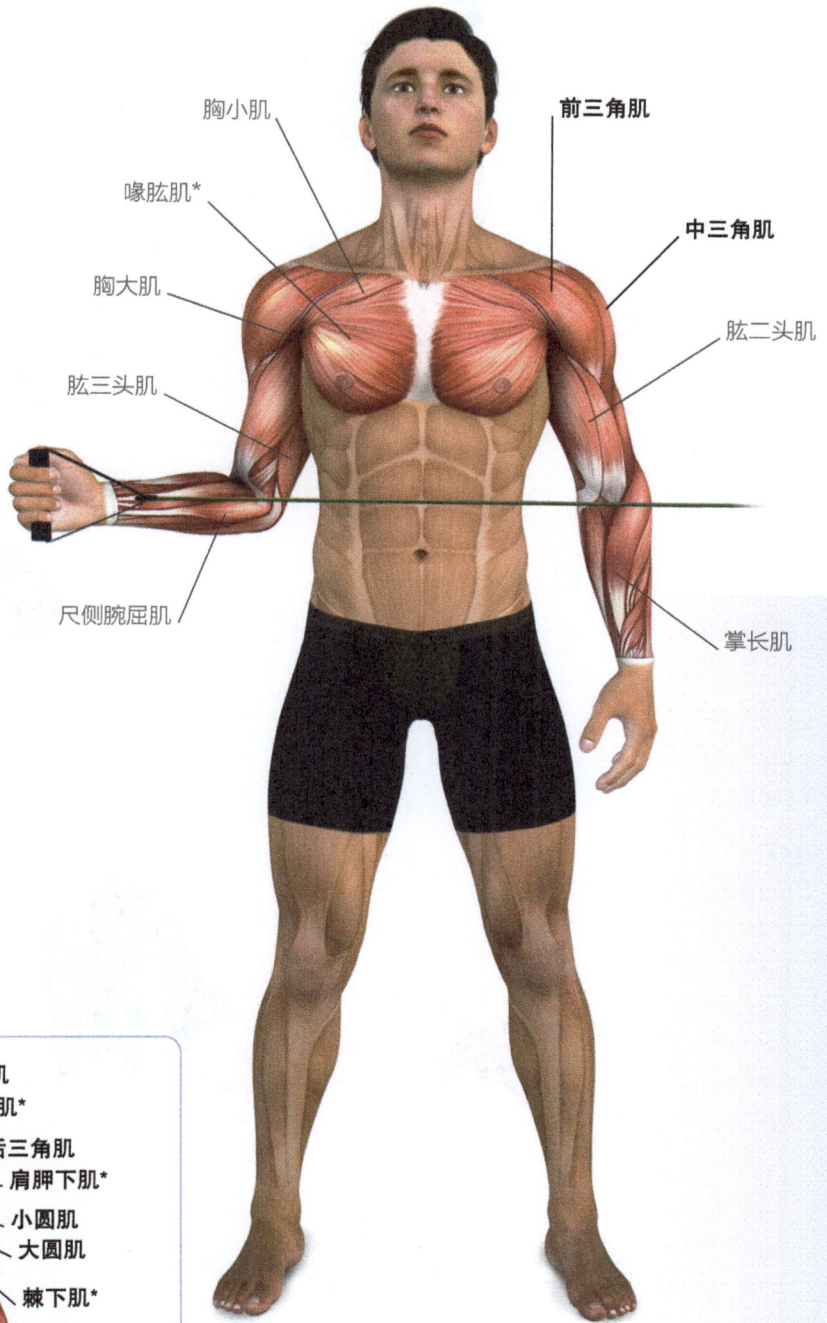

解析关键

黑体字代表目标肌肉
灰色字体代表其他运动
到的肌肉
*代表深层肌肉

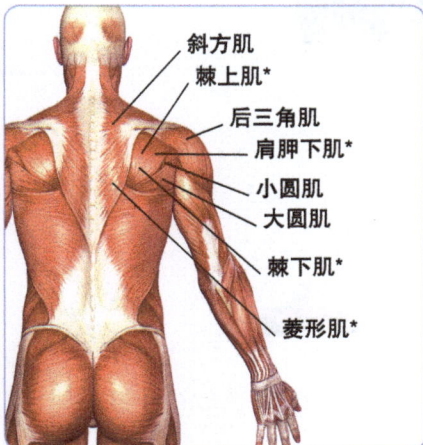

胸小肌

喙肱肌*

胸大肌

肱三头肌

尺侧腕屈肌

前三角肌

中三角肌

肱二头肌

掌长肌

斜方肌
棘上肌*
后三角肌
肩胛下肌*
小圆肌
大圆肌
棘下肌*
菱形肌*

臀部拉力器拉伸

① 将拉力器的一端固定在柱子下部,将另一只把手套在右脚踝或右脚上。

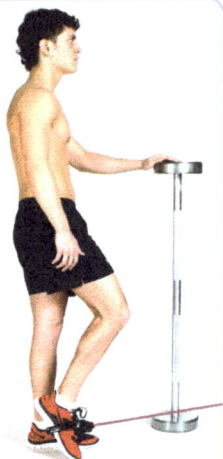

② 面朝柱子站立,手扶一个坚固的平面做支撑。

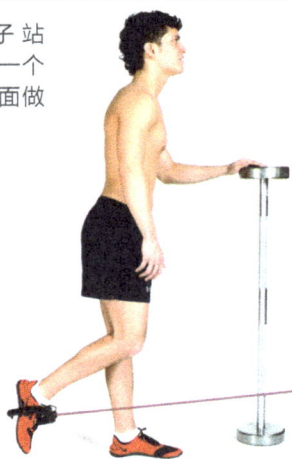

正确做法
- 保持身体笔直

锻炼目标
- 臀部
- 腿后腱

避免
- 过度反弹踢腿

益处
- 增加臀部肌肉力量

③ 保持身体笔直,将右腿尽可能向后伸展,同时使其尽可能伸直。重复完成这个动作10~12次,然后换腿。

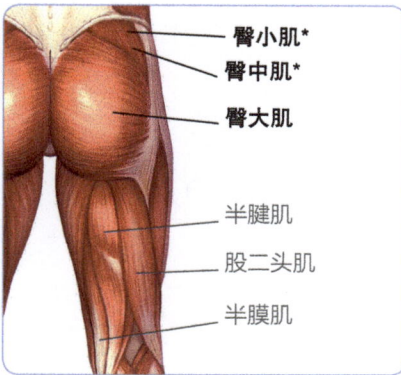

臀小肌*
臀中肌*
臀大肌

半腱肌
股二头肌
半膜肌

最佳锻炼部位
- 臀小肌
- 臀中肌
- 臀大肌

解析关键
黑体字代表目标肌肉
灰色字体代表其他运动到的肌肉
*代表深层肌肉

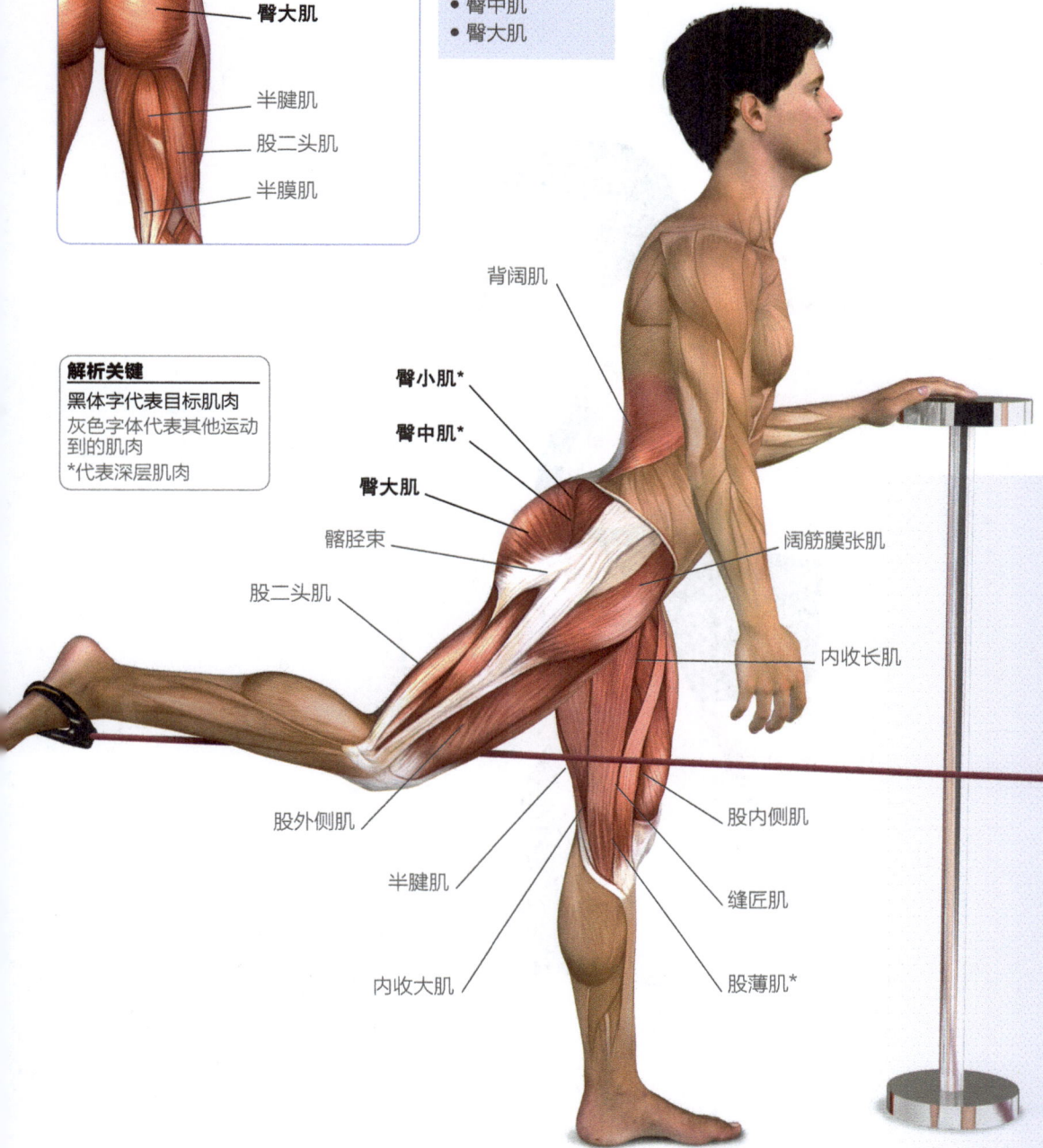

背阔肌

臀小肌*
臀中肌*
臀大肌
髂胫束
股二头肌

阔筋膜张肌

内收长肌

股外侧肌
半腱肌
内收大肌

股内侧肌
缝匠肌
股薄肌*

85

体能训练

    体能训练依靠有氧活动——这是一种具有重复性、连续性的运动，通常节奏逐渐加快的，且作用于心脏。

    在方法方面，体能训练的范围几乎是无限的，因为体能训练使用的都是真实生活中的动作。举例来说，一个运动员一次次快速地在直线动作和横向动作之间变换。在力量训练中速度过快是不提倡的，而在体能训练中推荐快速动作，在这种训练中的阻力来自身体本身，负担阻力的部位对肌肉的影响较小。

    体能训练的能量来自肥胖组织或脂肪，所以它会改善心血管功能，增强持久性、稳定性，以至全方位提高运动表现。

深跳

① 将两个健身箱相距一米摆放，面朝它们，站在离你最近的一个上面。

② 从健身箱上跳起，确保在两个健身箱之间落下，用脚掌着地。

锻炼目标
- 四头肌
- 腿后腱
- 臀部
- 小腿

益处
- 增强速度、力量和运动能力

变化练习

降低难度： 运用手臂提高速度
增加难度： 使用更高的训练台。

正确做法
- 确保身体笔直

避免
- 用脚趾或脚后跟着地

③ 双脚着地之后马上跳上另一个健身箱。

④ 在跳上第二个健身箱之后，马上转身，然后再次开始动作。重复整个动作15次。

最佳锻炼部位
- 股中间肌
- 股外侧肌
- 股内侧肌
- 股直肌

臀小肌*
臀中肌*
臀大肌
半腱肌
股二头肌
半膜肌
腓肠肌

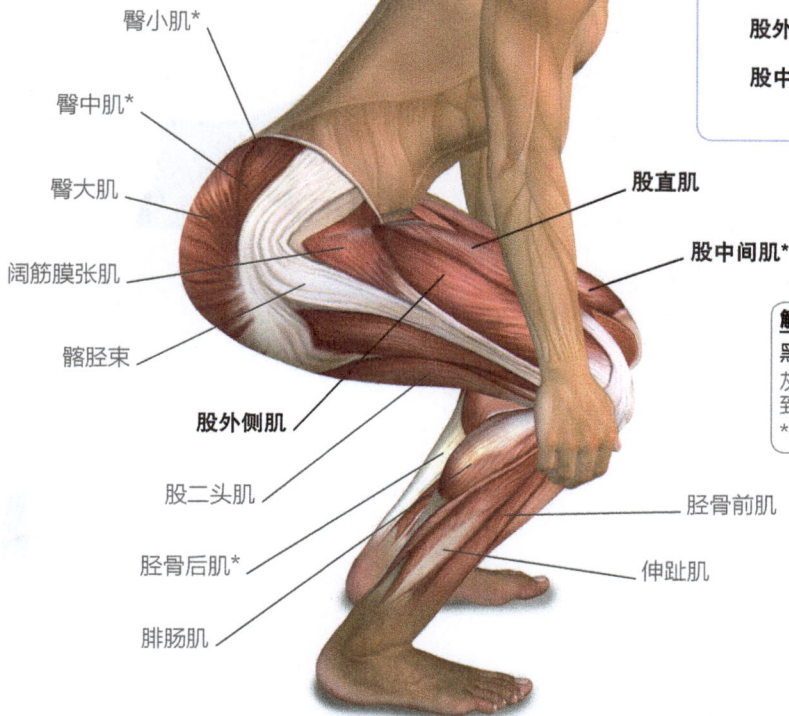

缝匠肌
股中间肌*
股直肌
股外侧肌
股中间肌

臀小肌*
臀中肌*
臀大肌
阔筋膜张肌
髂胫束
股外侧肌
股二头肌
胫骨后肌*
腓肠肌

股直肌
股中间肌*
胫骨前肌
伸趾肌

解析关键
黑体字代表目标肌肉
灰色字体代表其他运动到的肌肉
*代表深层肌肉

横向弹跳

① 采用1/4深蹲姿势，然后从右尽可能快、尽可能高地弹跳向左边。

② 确保左脚着地。

锻炼目标

- 四头肌
- 腿后腱
- 臀部
- 小腿

益处

- 增强横向移动速度

变化练习

降低难度： 完成一系列一侧跳跃，然后换边。

增加难度： 完成动作时拿一个健身实心球。

正确做法

- 确保身体核心在整个动作中保持紧致

避免

- 使你的膝盖超出你的脚趾

③ 然后从左边尽可能快、尽可能高地弹跳回右边。每边完成动作15次。

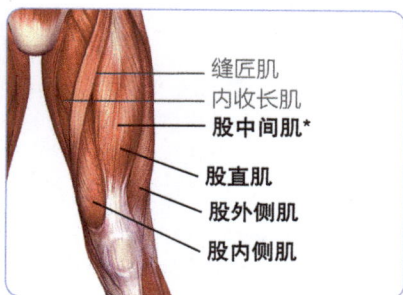

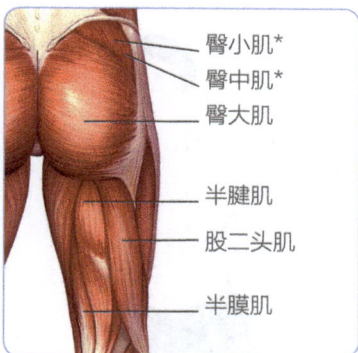

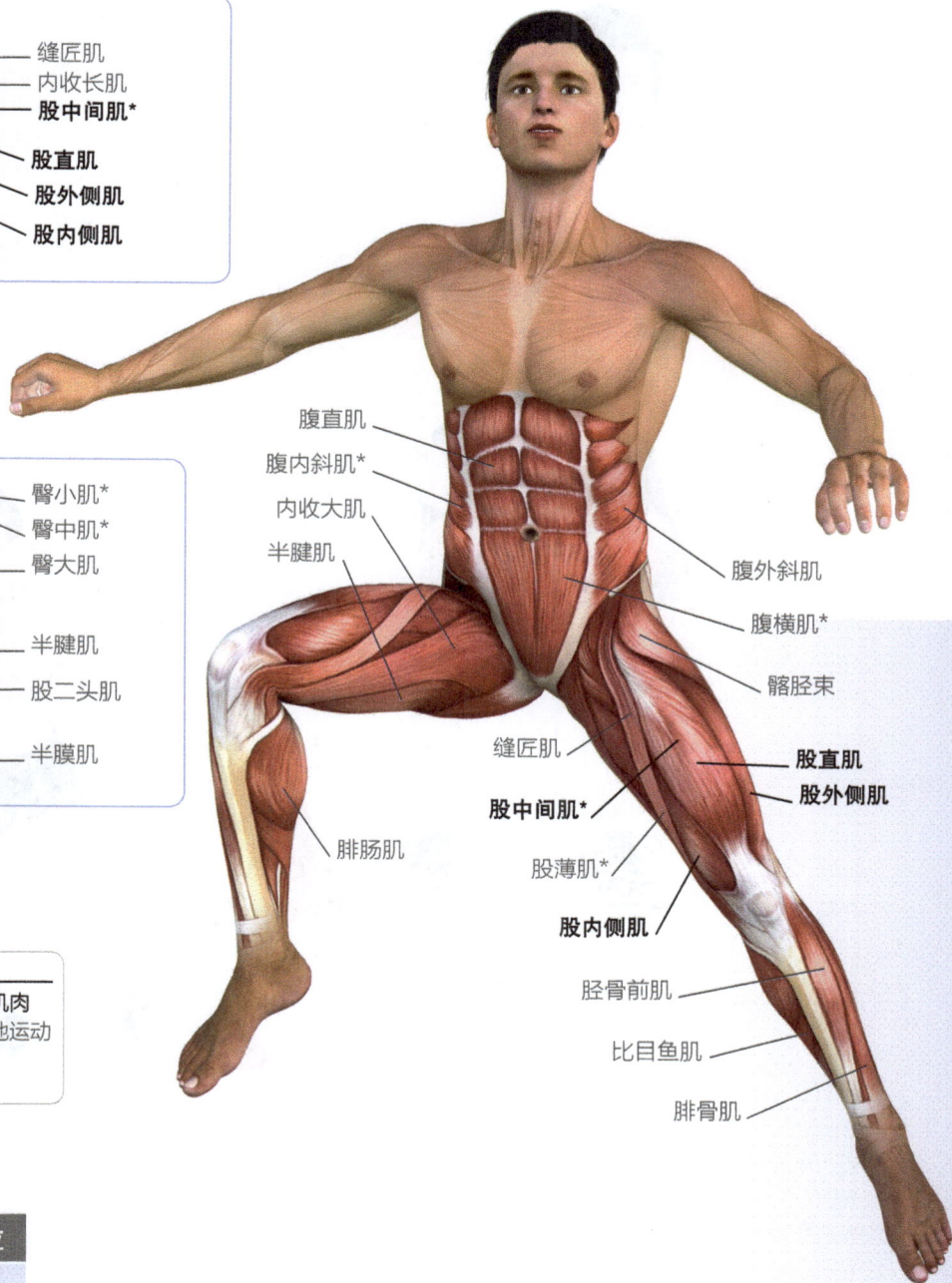

缝匠肌
内收长肌
股中间肌*
股直肌
股外侧肌
股内侧肌

臀小肌*
臀中肌*
臀大肌
半腱肌
股二头肌
半膜肌

腹直肌
腹内斜肌*
内收大肌
半腱肌
腹外斜肌
腹横肌*
髂胫束
缝匠肌
股直肌
股外侧肌
股中间肌*
股薄肌*
股内侧肌
腓肠肌
胫骨前肌
比目鱼肌
腓骨肌

解析关键

黑体字代表目标肌肉
灰色字体代表其他运动
到的肌肉
*代表深层肌肉

最佳锻炼部位

- 股中间肌
- 股外侧肌
- 股内侧肌
- 股直肌

锥跳

① 开始站在一个锥型标识的右边。双脚同时起跳，跳过锥型标识到它的左边，着地时仅用左脚。

正确做法
● 确保身体核心在整个动作中保持紧致

避免
● 着地时使你的膝盖过度超出你的脚趾

锻炼目标
● 四头肌
● 腿后腱
● 臀部
● 小腿

益处
● 增强横向移动速度

变化练习
降低难度： 完成一系列一侧跳跃，然后换边。
增加难度： 增加一些标识。

② 将右脚放下，然后双脚同时起跳再次越过标识，确保右脚着地。当脚离标识距离最远时接触地面。每边重复15次。

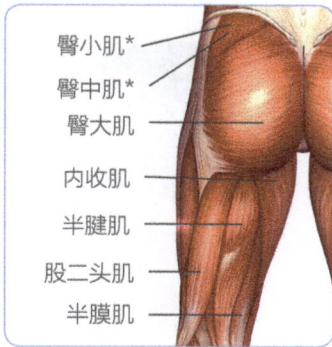

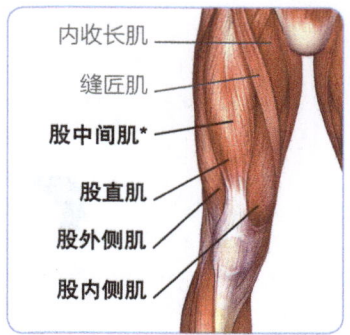

臀小肌*
臀中肌*
臀大肌
内收肌
半腱肌
股二头肌
半膜肌

内收长肌
缝匠肌
股中间肌*
股直肌
股外侧肌
股内侧肌

解析关键
黑体字代表目标肌肉
灰色字体代表其他运动
到的肌肉
*代表深层肌肉

最佳锻炼部位
• 股中间肌
• 股外侧肌
• 股内侧肌
• 股直肌

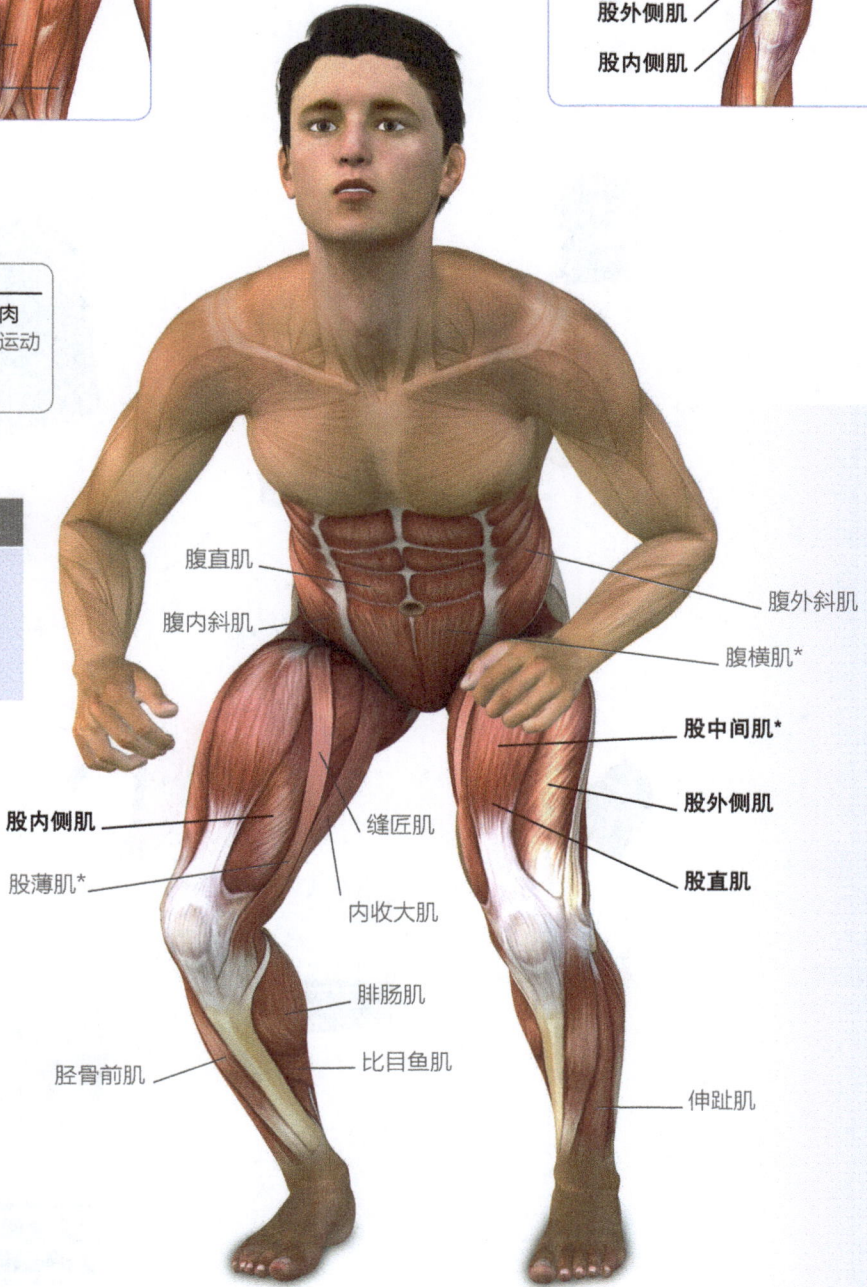

腹直肌
腹内斜肌
腹外斜肌
腹横肌*
股中间肌*
股外侧肌
股直肌

股内侧肌
缝匠肌
股薄肌*
内收大肌
腓肠肌
胫骨前肌
比目鱼肌
伸趾肌

93

健身箱跳

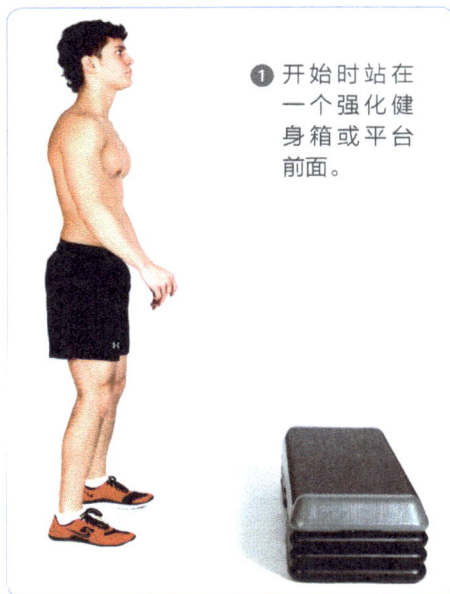

❶ 开始时站在一个强化健身箱或平台前面。

锻炼目标
• 四头肌
• 腿后腱
• 臀部
• 小腿

益处
• 增强下半身的爆发力

变化练习

降低难度： 采用非常低的平台。

增加难度： 采用更高的平台。

❷ 身体重心下降形成一个1/4蹲，准备跳跃。

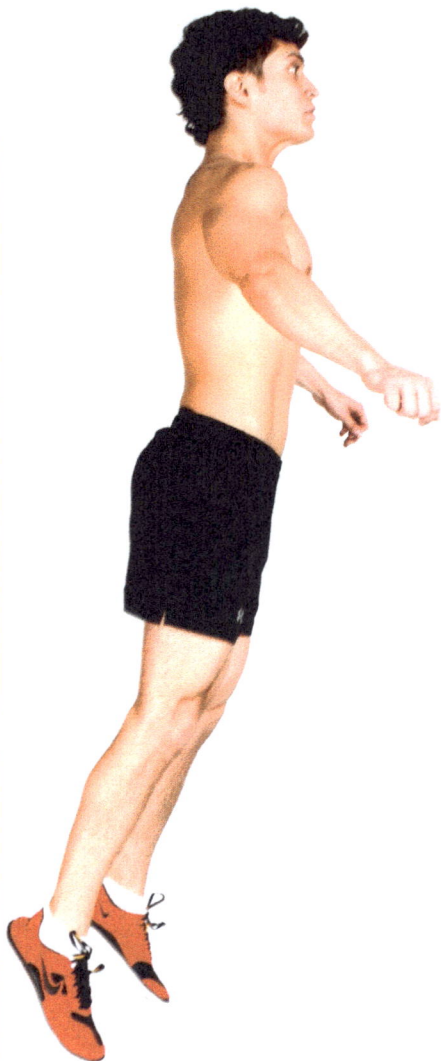

❸ 膝盖用力，摆动双臂弹跳至健身箱上。

❹ 用脚后跟轻轻着地，然后走下健身箱。重复整个动作15次。

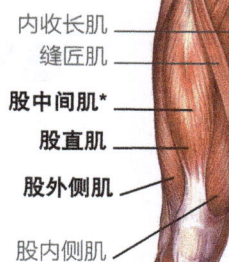

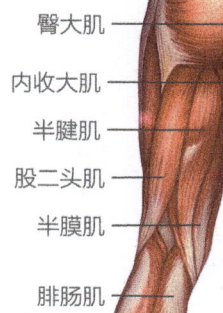

最佳锻炼部位

- 股中间肌
- 股外侧肌
- 股内侧肌
- 股直肌

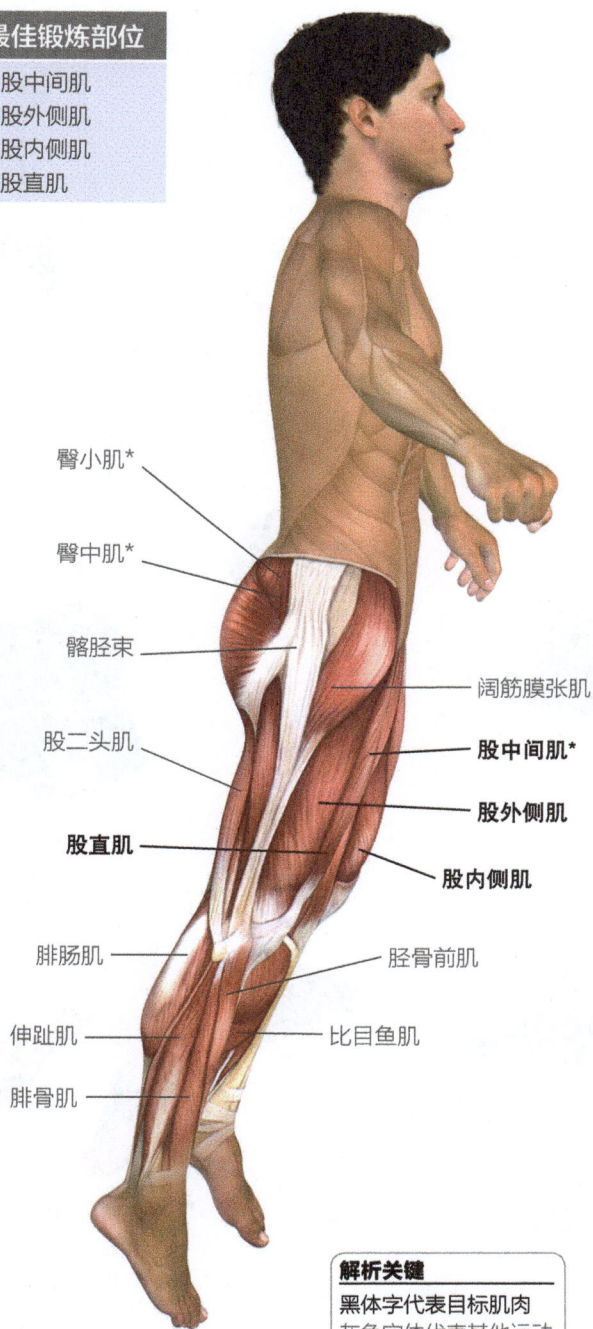

臀小肌*

臀中肌*

髂胫束

股二头肌

股直肌

腓肠肌

伸趾肌

腓骨肌

阔筋膜张肌

股中间肌*

股外侧肌

股内侧肌

胫骨前肌

比目鱼肌

内收长肌

缝匠肌

股中间肌*

股直肌

股外侧肌

股内侧肌

臀大肌

内收大肌

半腱肌

股二头肌

半膜肌

腓肠肌

解析关键
黑体字代表目标肌肉
灰色字体代表其他运动到的肌肉
*代表深层肌肉

95

立卧撑跳

正确做法
- 确保在整个动作中保持收紧身体核心肌肉

避免
- 着地过重

① 开始做一个深蹲的姿势，双手分开与肩同宽，双手掌按在地面上。

锻炼目标
- 臀部
- 四头肌
- 腘绳肌
- 腿后腱
- 小腿

益处
- 增加肌肉力量和耐久力

变化练习
降低难度：降低跳跃高度。
增加难度：在整个动作中增加一个俯卧撑。

② 将双腿向后蹬，双腿伸直，形成俯卧撑姿势。

③ 快速回到深蹲姿势。

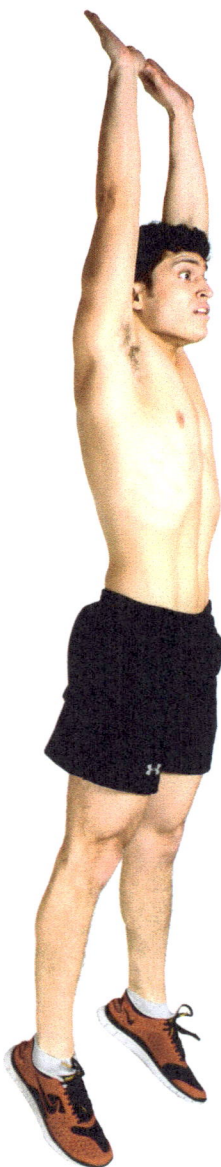

④ 从深蹲姿势尽可能高地跳跃，跳的同时上举你的双臂，重复整个动作15次。

96

最佳锻炼部位

- 臀大肌
- 臀小肌
- 臀中肌
- 股中间肌
- 股外侧肌
- 股内侧肌
- 股直肌

解析关键

黑体字代表目标肌肉
灰色字体代表其他运动
到的肌肉
*代表深层肌肉

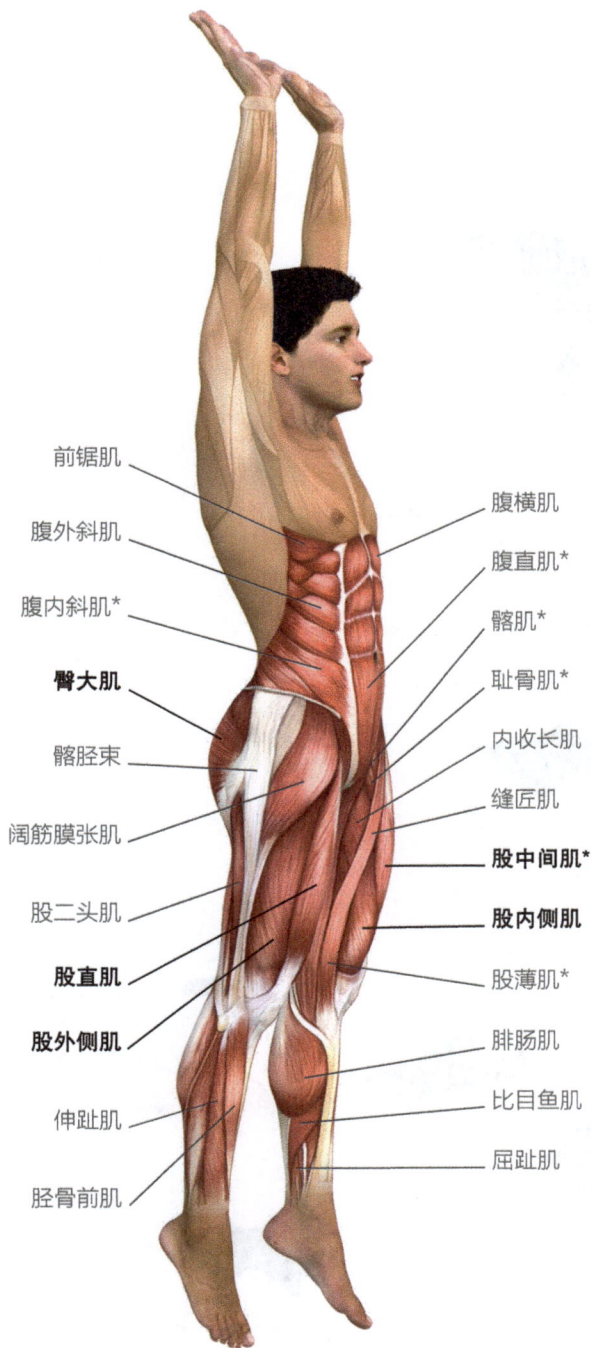

前锯肌

腹外斜肌

腹内斜肌*

臀大肌

髂胫束

阔筋膜张肌

股二头肌

股直肌

股外侧肌

伸趾肌

胫骨前肌

腹横肌

腹直肌*

髂肌*

耻骨肌*

内收长肌

缝匠肌

股中间肌*

股内侧肌

股薄肌*

腓肠肌

比目鱼肌

屈趾肌

内收长肌

缝匠肌

股中间肌*

股直肌

股外侧肌

股内侧肌

竖脊肌*

背阔肌

多裂脊肌*

臀小肌*

臀中肌*

臀大肌

半腱肌

股二头肌

半膜肌

97

抬手深蹲

① 双脚分开与肩同宽站立，脚趾稍向前，双臂向前伸出。

正确做法
- 深蹲，确保大腿和地面平行

避免
- 蹲下时将你的膝盖过度超出你的脚趾

② 双膝弯曲同时吸气，保持背部平直。下蹲至双膝和地面平行。

锻炼目标
- 四头肌
- 腿后腱
- 臀部
- 身体核心

益处
- 增加腿部肌肉的力量和体积

变化练习

降低难度： 在墙边放一个瑞士球，将下背部靠在上面。

增加难度： 双脚更加靠近，增加需要的力量。

③ 脚踝用力站直，站直时呼气。重复完成整个动作12～15次。

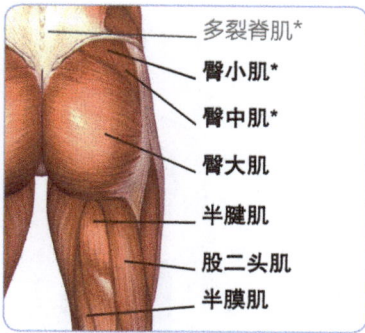

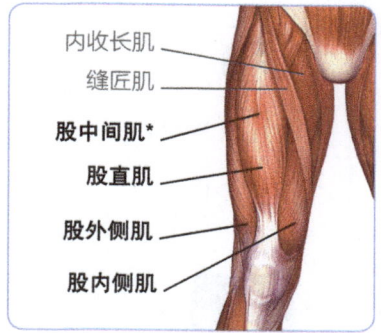

多裂脊肌*
臀小肌*
臀中肌*
臀大肌
半腱肌
股二头肌
半膜肌

内收长肌
缝匠肌
股中间肌*
股直肌
股外侧肌
股内侧肌

解析关键
黑体字代表目标肌肉
灰色字体代表其他运动到的肌肉
*代表深层肌肉

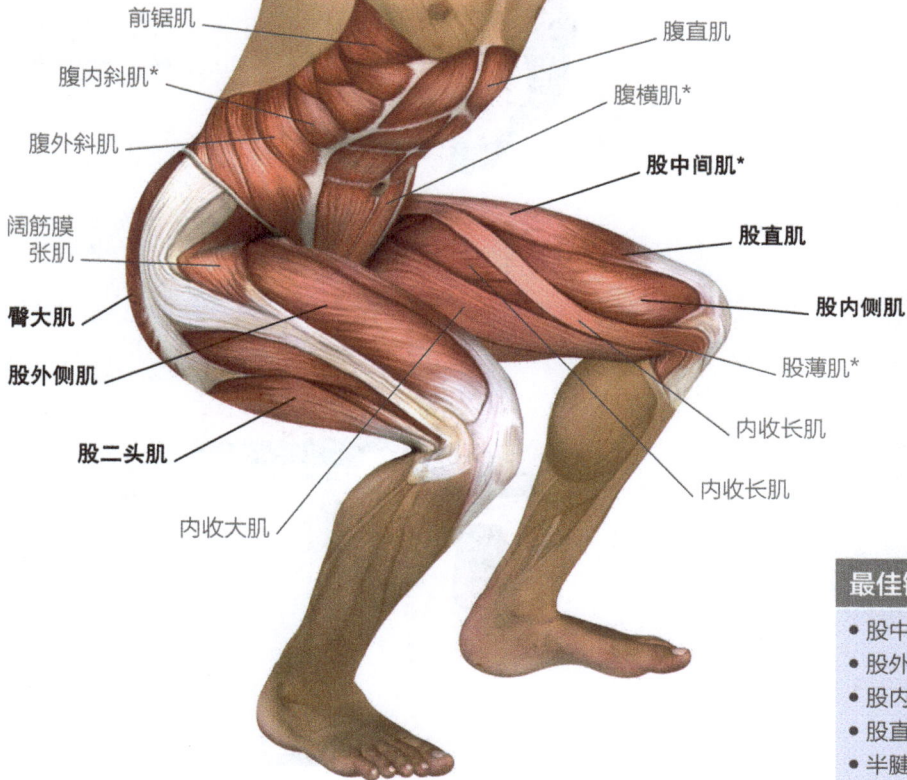

前锯肌
腹内斜肌*
腹外斜肌

腹直肌
腹横肌*
股中间肌*
股直肌
股内侧肌
股薄肌*
内收长肌
内收长肌

阔筋膜张肌
臀大肌
股外侧肌
股二头肌
内收大肌

最佳锻炼部位

- 股中间肌
- 股外侧肌
- 股内侧肌
- 股直肌
- 半腱肌
- 股二头肌
- 半膜肌
- 臀大肌
- 臀中肌
- 臀小肌

交叉腿上凳

① 站在长凳右边。

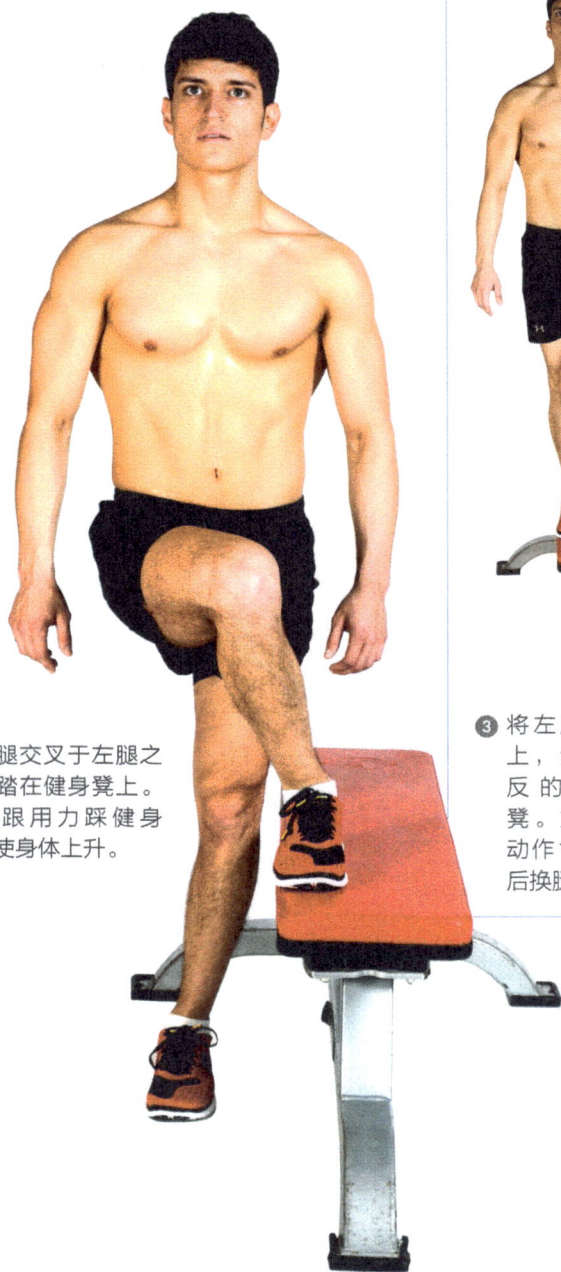

② 将右腿交叉于左腿之前，踏在健身凳上。右脚跟用力踩健身凳，使身体上升。

③ 将左腿带至凳上，然后做相反的动作下凳。重复整个动作15次，然后换腿。

锻炼目标

- 四头肌
- 腿后腱
- 臀部
- 身体核心

益处

- 增加腿部力量和爆发力

变化练习

降低难度： 尝试拿一根棍子或扫把做支撑。

增加难度： 拿一对哑铃增加阻力。

正确做法
- 在整个动作中保持身体笔直

避免
- 使你的膝盖过度超出你的脚趾

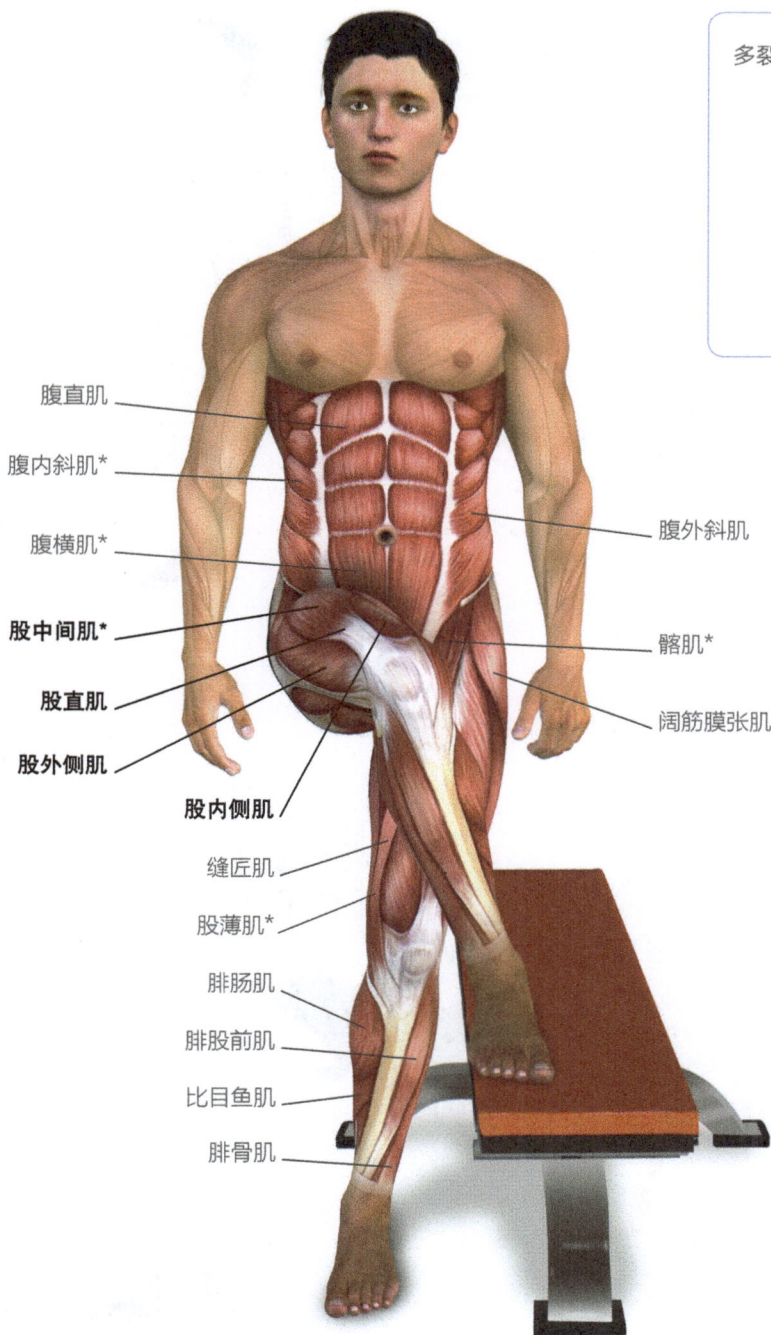

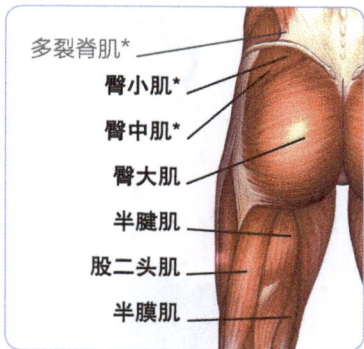

多裂脊肌*

臀小肌*

臀中肌*

臀大肌

半腱肌

股二头肌

半膜肌

解析关键

黑体字体代表目标肌肉

灰色字体代表其他运动到的肌肉

*代表深层肌肉

腹直肌

腹内斜肌*

腹横肌*

股中间肌*

股直肌

股外侧肌

股内侧肌

缝匠肌

股薄肌*

腓肠肌

腓股前肌

比目鱼肌

腓骨肌

腹外斜肌

髂肌*

阔筋膜张肌

最佳锻炼部位

- 股中间肌
- 股外侧肌
- 股内侧肌
- 股直肌
- 半腱肌
- 股二头肌
- 半膜肌
- 臀大肌
- 臀中肌
- 臀小肌

向后弓步

② 右腿向后撤一大步，同时弯曲膝盖。

① 双手叉腰，双脚分开与肩同宽站立。

锻炼目标

- 四头肌
- 臀部
- 腿后腱

益处

- 增加四头肌和臀部的力量

正确做法

- 在整个动作中保持身体笔直。

避免

- 做弓步时避免你的膝盖过度超过你的脚趾。

③ 当前方大腿大概与地面平行时，后脚跟推地面站起，回到开始的姿势。重复整个动作15次。

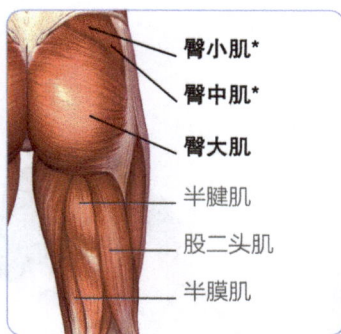

臀小肌*
臀中肌*
臀大肌
半腱肌
股二头肌
半膜肌

解析关键
黑体字代表目标肌肉
灰色字体代表其他运动
到的肌肉
*代表深层肌肉

变化练习
降低难度：尝试拿一根
棍子或扫把做支撑。
增加难度：拿一对哑铃增
加阻力（如下图所示）。

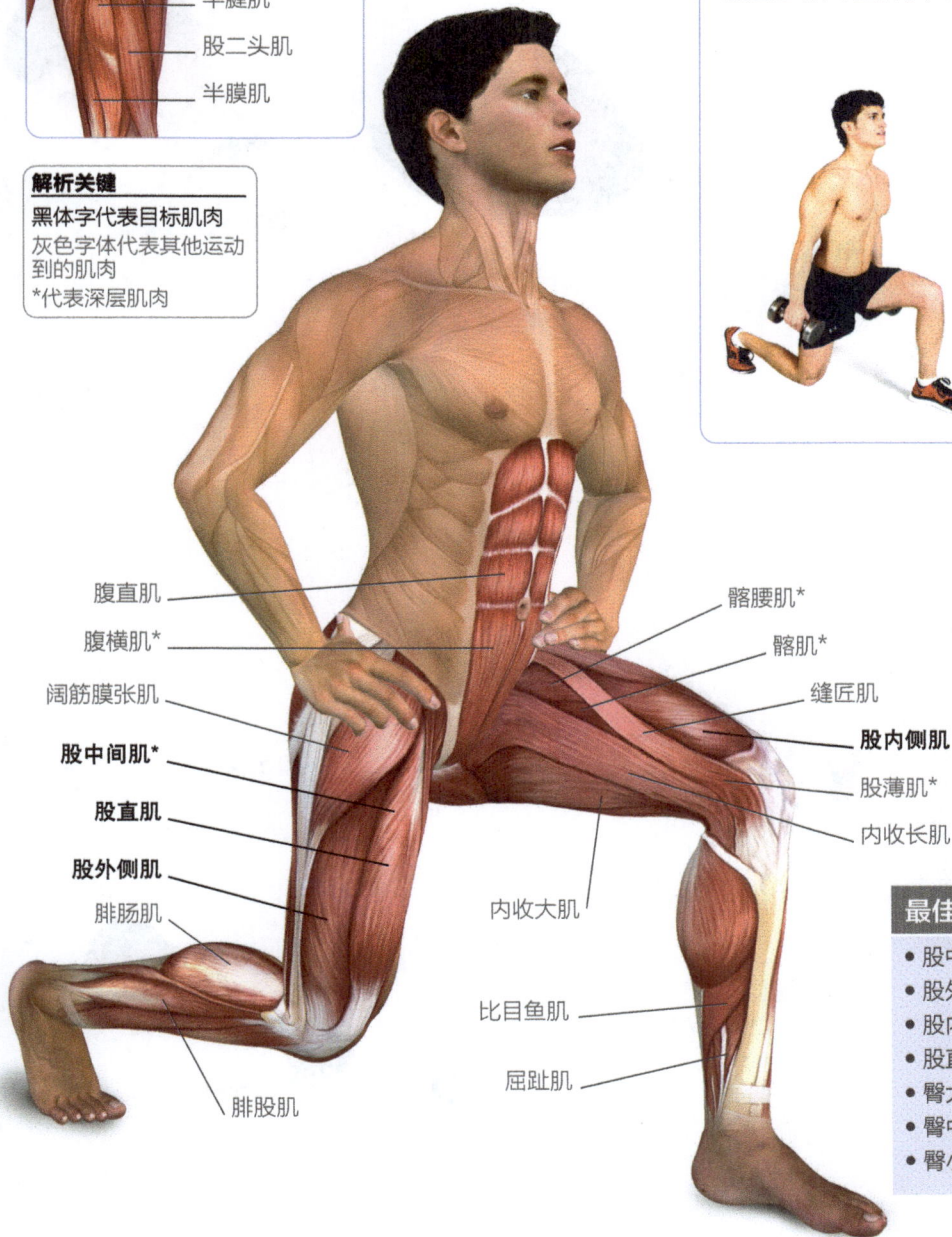

腹直肌
腹横肌*
阔筋膜张肌
股中间肌*
股直肌
股外侧肌
腓肠肌
腓股肌

髂腰肌*
髂肌*
缝匠肌
股内侧肌
股薄肌*
内收长肌
内收大肌
比目鱼肌
屈趾肌

最佳锻炼部位
• 股中间肌
• 股外侧肌
• 股内侧肌
• 股直肌
• 臀大肌
• 臀中肌
• 臀小肌

登山者

① 做一个完整的俯卧
撑动作，使身体成
一条直线。

② 弯曲一条腿，使膝盖尽可能靠近胸部。

锻炼目标

- 四头肌
- 臀部肌肉
- 腿后腱
- 小腿
- 身体核心

益处

- 增强心血管功能
  和腿部力量

变化练习

增加难度： 在脚踝
处负重，以增加动
作的阻力。

③ 回到开始动作，用
另一条腿重复这个
动作。

避免

- 过度摆动臀部

正确做法

- 在整个动作中保持后
  背平直

④ 持续做这项
练习最长两
分钟。

多裂脊肌*
臀小肌*
臀中肌*
臀大肌
半腱肌
股二头肌
半膜肌

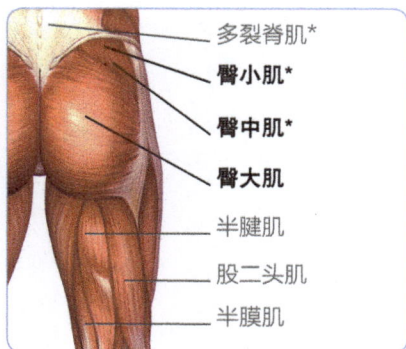

解析关键
黑体字体代表目标肌肉
灰色字体代表其他运动到的肌肉
*代表深层肌肉

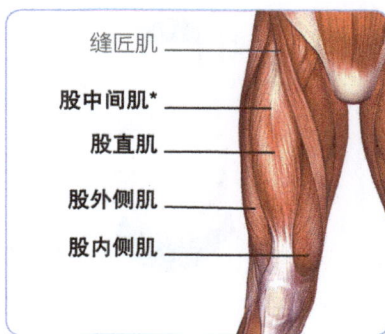

缝匠肌
股中间肌*
股直肌
股外侧肌
股内侧肌

最佳锻炼部位

- 股中间肌
- 股外侧肌
- 股内侧肌
- 股直肌
- 臀大肌
- 臀中肌
- 臀小肌

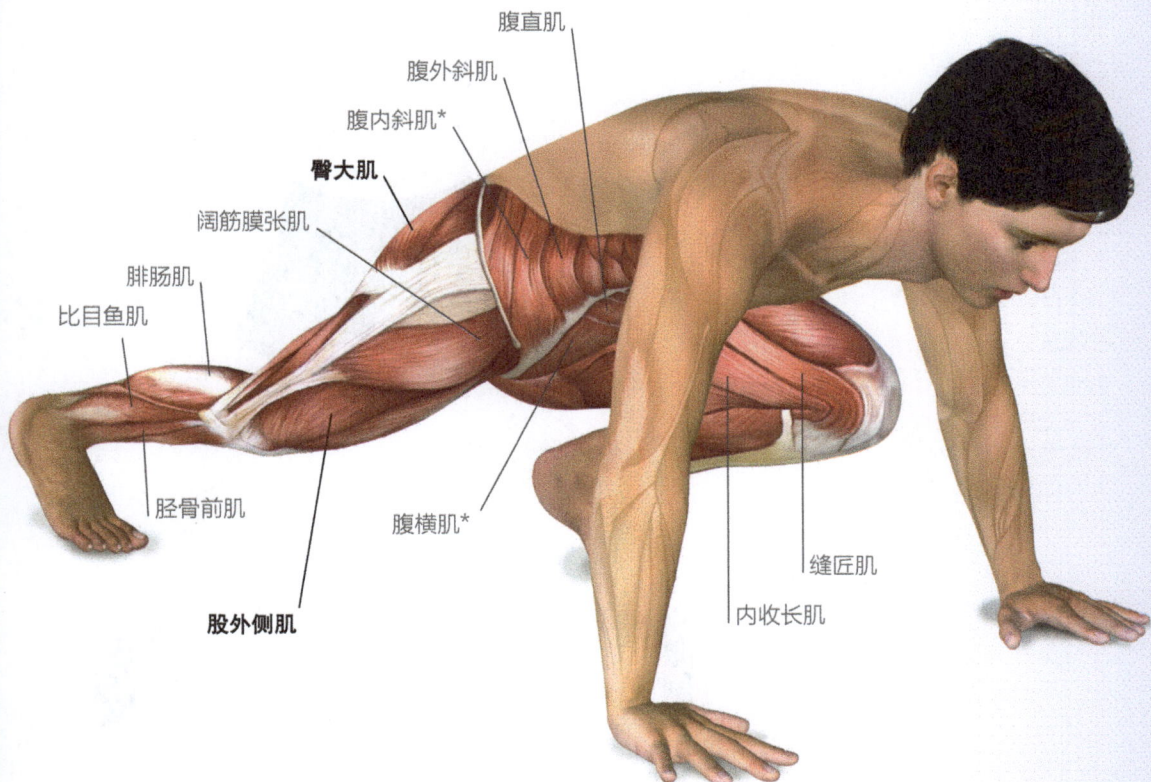

腹直肌
腹外斜肌
腹内斜肌*
臀大肌
阔筋膜张肌
腓肠肌
比目鱼肌
胫骨前肌
股外侧肌
腹横肌*
内收长肌
缝匠肌

星型跳

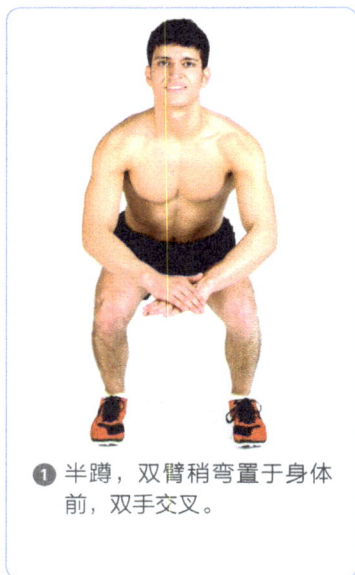

① 半蹲，双臂稍弯置于身体前，双手交叉。

正确做法
- 在整个过程中确保收紧身体核心肌肉

锻炼目标
- 四头肌
- 腿后腱
- 臀部
- 小腿

避免
- 着地过重

益处
- 增加下半身的爆发力

变化练习
降低难度： 降低跳跃的高度。
增加难度： 提高跳跃的高度。

② 从脚后跟发力竖直跳起，使双腿向身体两侧伸展，同时举起双手。用脚后跟轻轻着地，然后回到开始的姿势。重复整个动作15次。

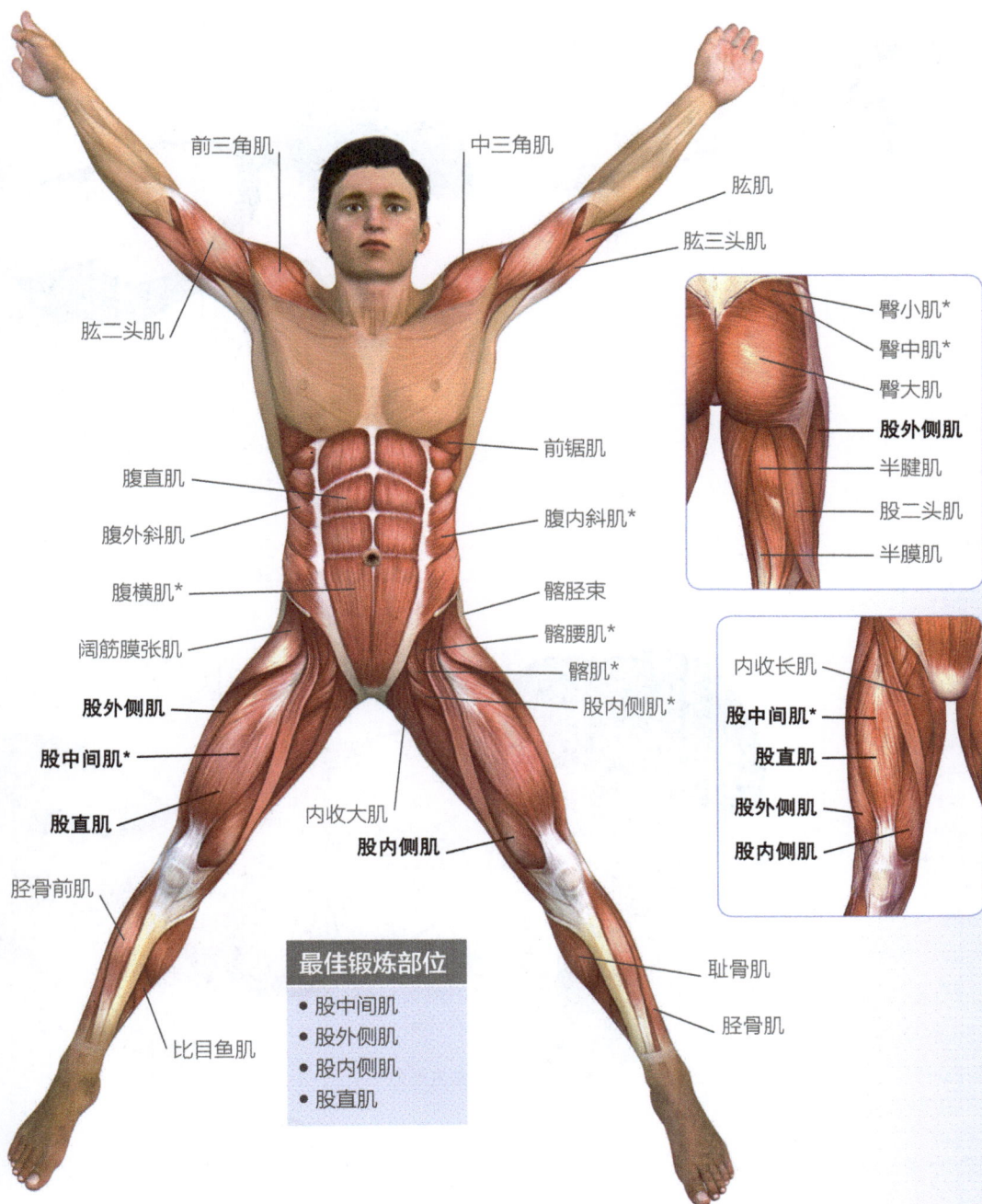

前三角肌

中三角肌

肱肌

肱三头肌

肱二头肌

臀小肌*

臀中肌*

臀大肌

股外侧肌

半腱肌

股二头肌

半膜肌

前锯肌

腹直肌

腹外斜肌

腹内斜肌*

腹横肌*

髂胫束

阔筋膜张肌

髂腰肌*

内收长肌

髂肌*

股中间肌*

股内侧肌*

股直肌

股外侧肌

股外侧肌

股内侧肌

股中间肌*

内收大肌

股直肌

股内侧肌

胫骨前肌

耻骨肌

胫骨肌

比目鱼肌

最佳锻炼部位

- 股中间肌
- 股外侧肌
- 股内侧肌
- 股直肌

解析关键

黑体字代表目标肌肉

灰色字体代表其他运动
到的肌肉

*代表深层肌肉

加强型俯卧撑

① 采用标准的俯卧撑姿势。

② 使身体降低直至上臂和地面平行，然后准备回到开始的姿势。

锻炼目标

- 胸部肌肉
- 三角肌
- 三头肌
- 上半身
- 身体核心

益处

- 增加上半身的爆发力

变化练习

降低难度：尝试不拍手做练习。

增加难度：在腰部增加负重。

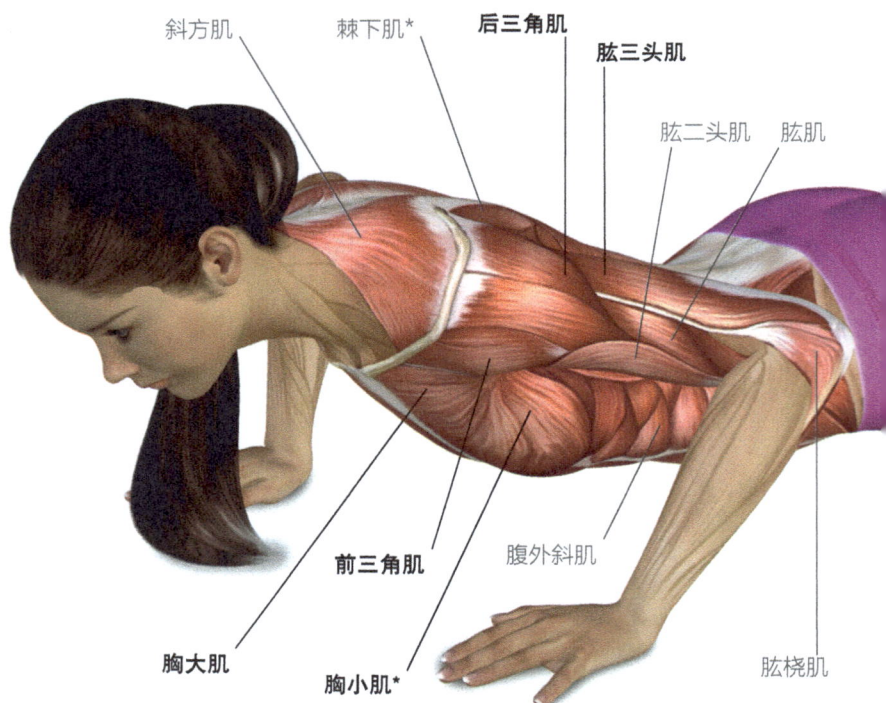

斜方肌

棘下肌*

后三角肌

肱三头肌

肱二头肌　肱肌

前三角肌

腹外斜肌

胸大肌

胸小肌*

肱桡肌

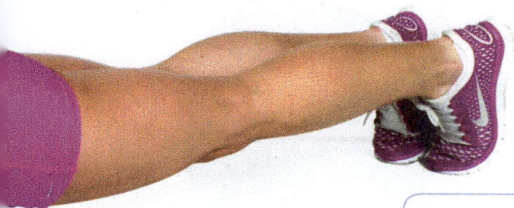

正确做法
- 在整个过程中收紧身体核心肌肉

避免
- 腰部用力过猛

❸ 在推手使身体向上时，双手快速拍手，之后安全地撑住地面。重复整个动作15次。

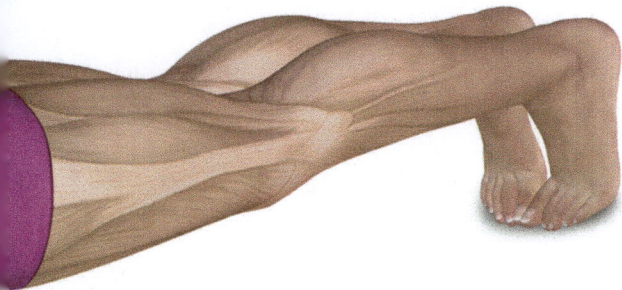

最佳锻炼部位
- 胸大肌
- 胸小肌
- 前三角肌
- 后三角肌
- 中三角肌
- 肱三头肌

解析关键
黑体字代表目标肌肉
灰色字体代表其他运动到的肌肉
*代表深层肌肉

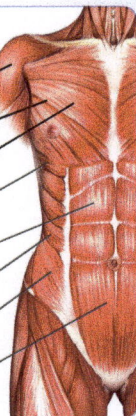

中三角肌
前三角肌
胸小肌*
胸大肌
前锯肌
腹直肌
腹外斜肌
腹内斜肌*
腹横肌*

滑雪者

① 采用俯卧撑姿势，双腿放在一个瑞士健身球上。

正确做法	避免
• 在整个动作过程中收紧身体核心肌肉	• 速度过快

锻炼目标

- 胯部
- 核心肌肉
- 上背部
- 后三角肌

益处

- 增加身体核心和胯部的稳定性

变化练习

降低难度：尝试只向一个方向转动。

② 在保持身体核心姿势的同时，快速向左转动身体，使双腿叠放在瑞士球上。

斜方肌
后三角肌
大圆肌
菱形肌*
竖脊肌*
背阔肌
多裂脊肌*
髂胫束

③ 回到开始的姿势，再向右做相同的动作。重复完成整个动作15次。

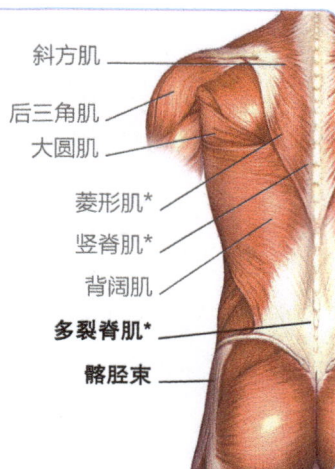

解析关键

黑体字代表目标肌肉
灰色字体代表其他运动到的肌肉
*代表深层肌肉

最佳锻炼部位

- 缝匠肌
- 髂腰肌
- 髂肌
- 阔筋膜张肌
- 髂胫束
- 腹直肌
- 腹横肌
- 多裂脊肌
- 腹外斜肌
- 腹内斜肌

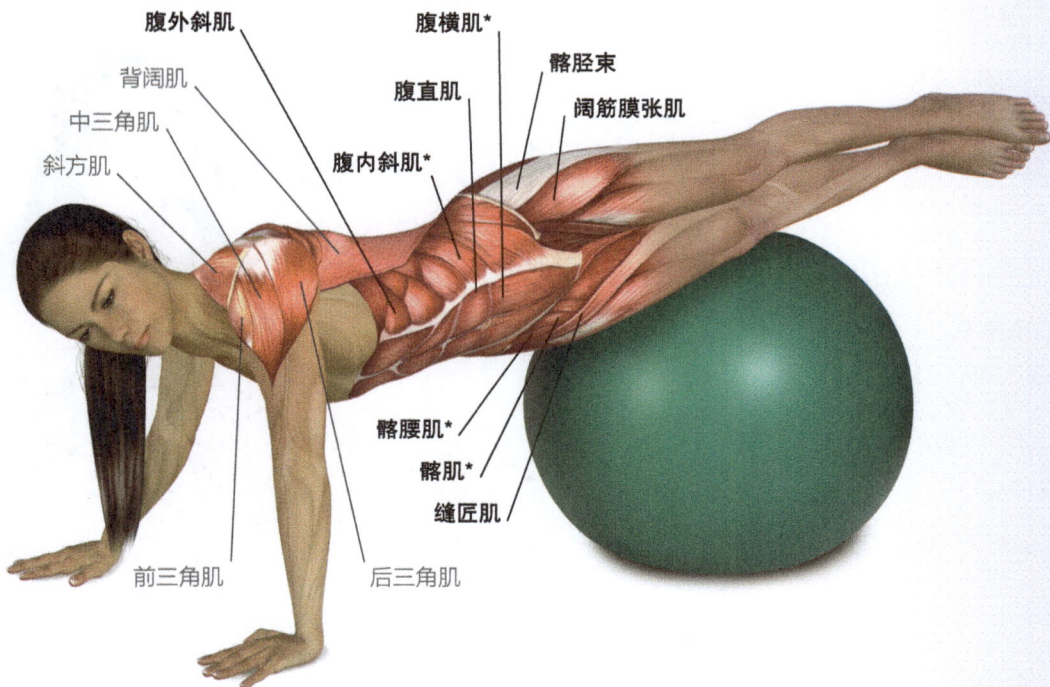

腹外斜肌
背阔肌
中三角肌
斜方肌
腹横肌*
腹直肌
髂胫束
阔筋膜张肌
腹内斜肌*
髂腰肌*
髂肌*
缝匠肌
前三角肌
后三角肌

土耳其式起身

❶ 面朝上平躺，将右臂在胸前竖直举起，左臂放在身体侧面。

❷ 弯曲右膝，将右脚平放在地面上。

正确做法
- 在整个动作中保持身体核心紧致

避免
- 速度过快

锻炼目标
- 肩部
- 核心肌肉
- 大腿
- 臀部
- 上背部
- 三头肌

益处
- 增加臀部的稳定性，帮助增强整个身体的平衡感

变化练习

增加难度： 做这项练习时将一个哑铃或壶铃举到头上。

❸ 稍微向身体左侧旋转，用左前臂支撑体重，然后左手扶住地面，起身至坐姿。

❹ 向上抬起你的臀部，右小腿折卷至身下，以右膝支撑全身。

最佳锻炼部位

- 前三角肌
- 后三角肌
- 中三角肌
- 腹直肌
- 腹横肌
- 腹外斜肌
- 腹内斜肌
- 多裂脊肌
- 股中间肌
- 股外侧肌
- 股内斜肌
- 半腱肌
- 股二头肌
- 半膜肌
- 臀小肌
- 臀中肌
- 臀大肌

⑤ 将左手从地板上抬起，右脚用力站起成立姿。在整个动作中保持右臂一直举过头顶。

⑥ 回到开始姿势。重复整个动作每只手臂10次。

解析关键
黑体字代表目标肌肉
灰色字体代表其他运动到的肌肉
*代表深层肌肉

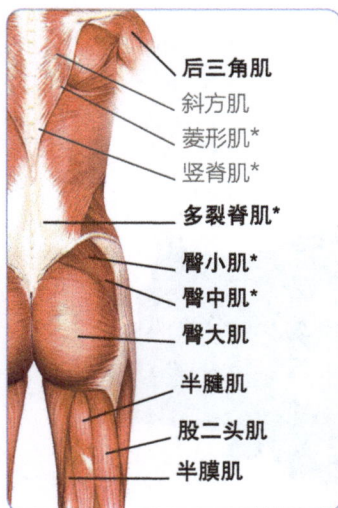

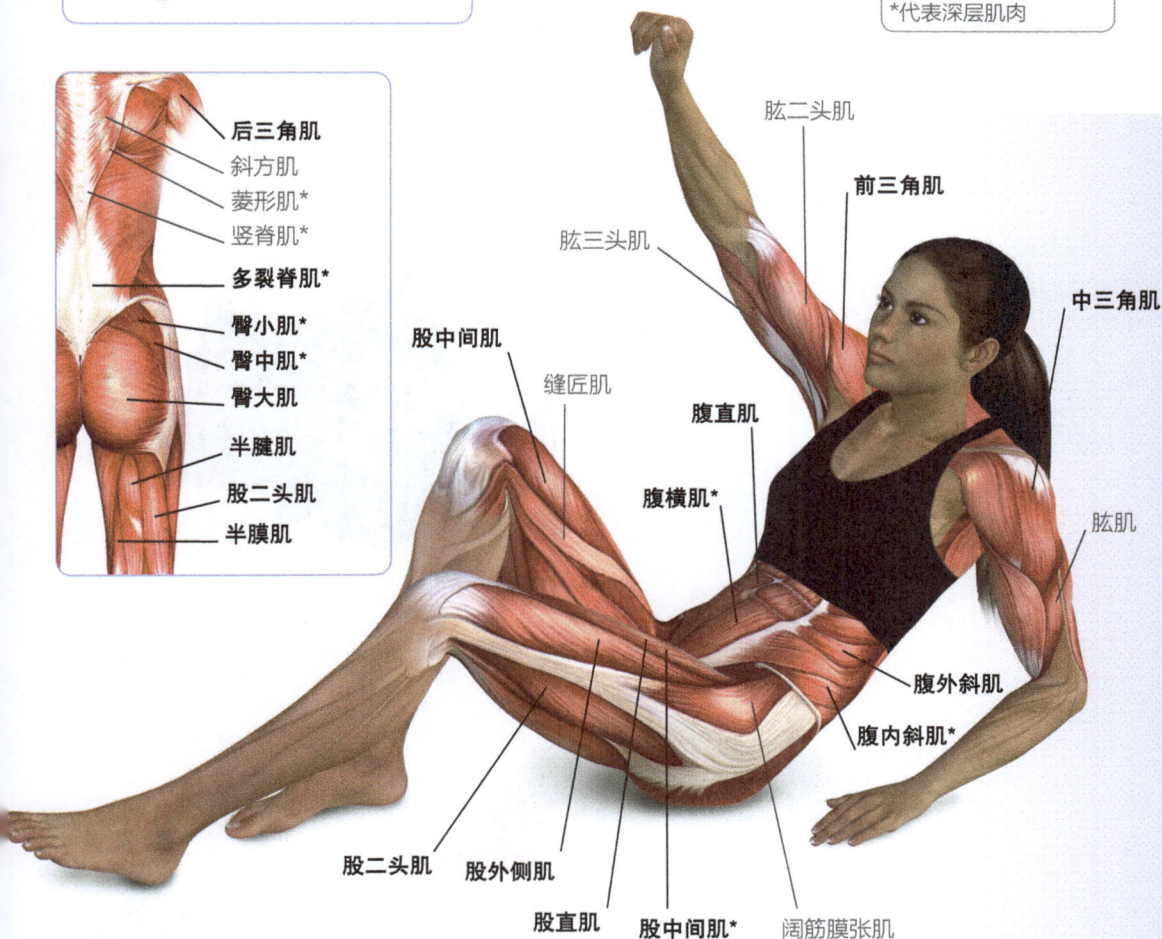

后三角肌
斜方肌
菱形肌*
竖脊肌*
多裂脊肌*
臀小肌*
臀中肌*
臀大肌
半腱肌
股二头肌
半膜肌

肱二头肌
前三角肌
中三角肌
肱三头肌
肱肌
股中间肌
缝匠肌
腹直肌
腹横肌*
腹外斜肌
腹内斜肌*
股二头肌
股外侧肌
股直肌
股中间肌*
阔筋膜张肌

113

农夫走

正确做法
● 在整个动作中保持身体核心紧致

避免
● 负重过重

① 开始时采用站姿，两脚分开与肩同宽，双手在身体侧面提一对壶铃或哑铃。

锻炼目标
● 腹直肌
● 竖脊肌
● 前臂
● 二头肌

益处
● 帮助增强前臂握力和身体核心稳定性

变化练习
降低难度： 减轻负重。
增加难度： 增加负重。

② 负重向前快走一段特定的距离或时间（如健身房的长度或时长20秒），放下负重休息。重复整个动作3次。

农夫走·体能训练

最佳锻炼部位
- 腹直肌
- 竖脊肌

解析关键

黑体字代表目标肌肉
灰色字体代表其他运动到的肌肉
*代表深层肌肉

斜方肌
中三角肌
背阔肌
肱三头肌
肱肌
肱二头肌
掌长肌
指伸肌
尺侧腕屈肌

前三角肌
腹直肌
腹外斜肌
腹横肌*
腹内斜肌*

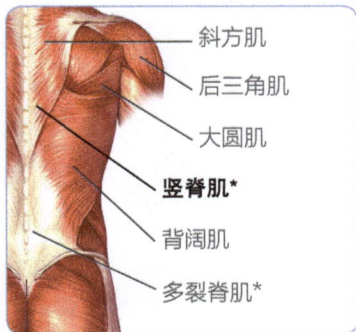

斜方肌
后三角肌
大圆肌
竖脊肌*
背阔肌
多裂脊肌*

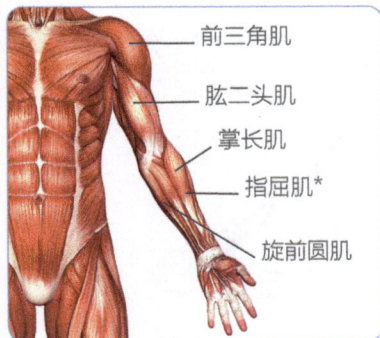

前三角肌
肱二头肌
掌长肌
指屈肌*
旋前圆肌

套头衫传球

① 平躺，双膝弯曲，双脚平放在地面上，双手抱住一个实心健身球，放在头上一臂的距离。

锻炼目标
- 腹直肌
- 竖脊肌

益处
- 增强腹部肌肉的爆发力

正确做法
- 在整个动作中保持身体核心紧致

避免
- 颈部过于用力

② 迅速坐起将球扔出传给同伴，同时收缩腹部肌肉。

③ 接回球，然后缓慢回到开始的姿势。重复完成整个动作25次。

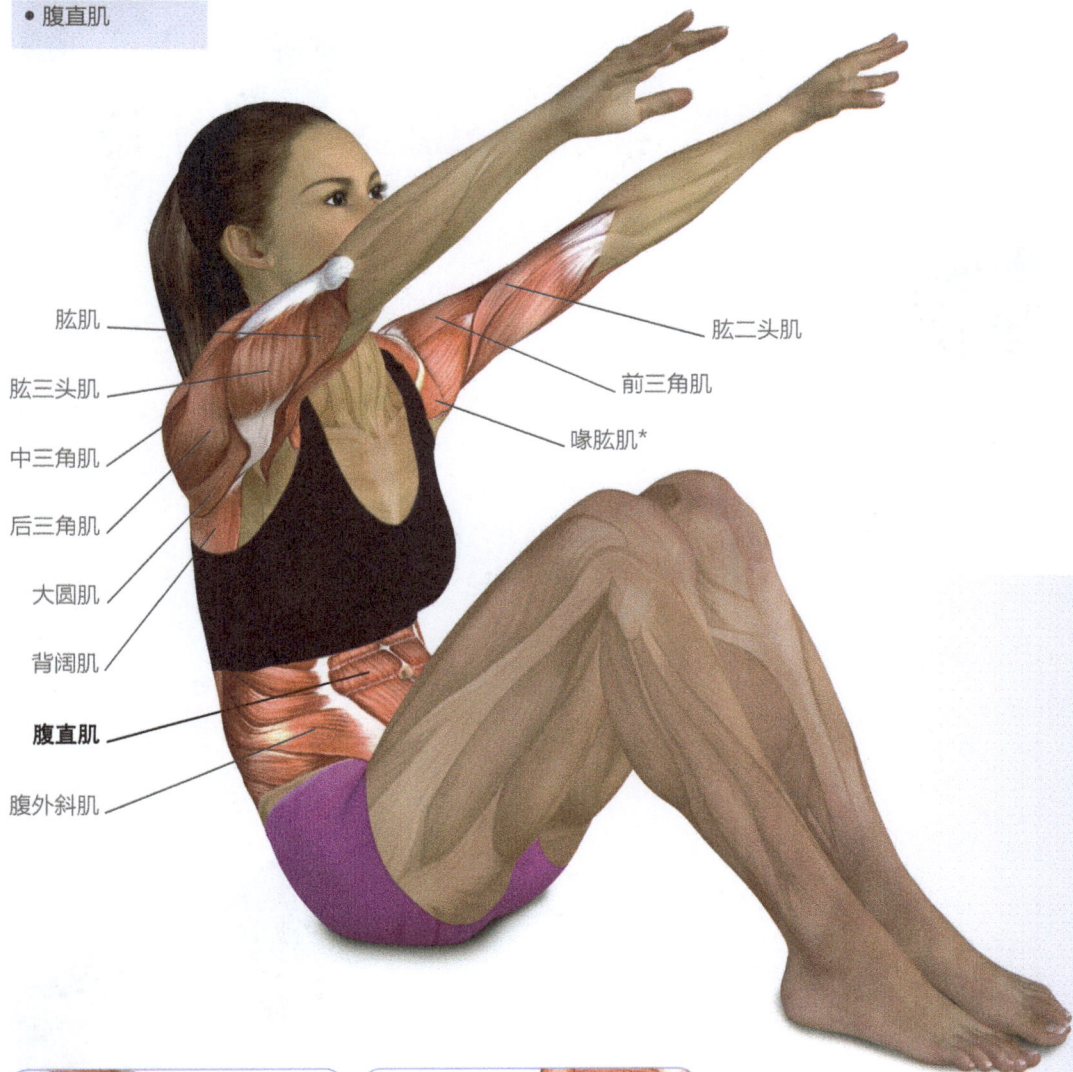

最佳锻炼部位
- 腹直肌

肱肌

肱三头肌

中三角肌

后三角肌

大圆肌

背阔肌

腹直肌

腹外斜肌

肱二头肌

前三角肌

喙肱肌*

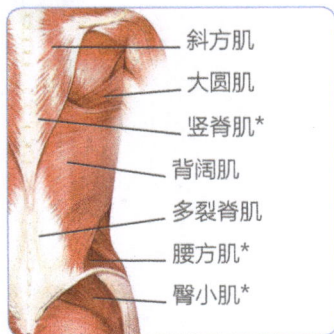

斜方肌

大圆肌

竖脊肌*

背阔肌

多裂脊肌

腰方肌*

臀小肌*

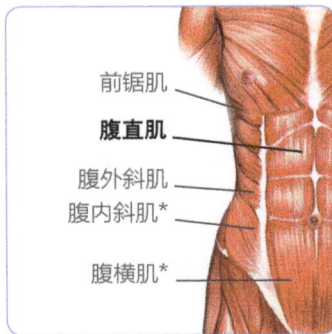

前锯肌

腹直肌

腹外斜肌

腹内斜肌*

腹横肌*

解析关键

黑体字代表目标肌肉
灰色字体代表其他运动
到的肌肉
*代表深层肌肉

实心健身球成角推起

① 采用标准的俯卧撑姿势，双手与肩同宽，脚趾支撑在一个实心健身球上。

正确做法
- 保持腿部锁紧

避免
- 使你的躯干下降至和地面平行的高度

锻炼目标
- 核心肌肉
- 臀部
- 腿后腱
- 小腿

益处
- 锻炼身体核心的力量和稳定性

② 将臀部向上推起，同时使实心健身球向双手方向滚动。

③ 做相反的动作，俯身至开始位置。重复完成整个动作15次。

实心健身球成角推起·体能训练

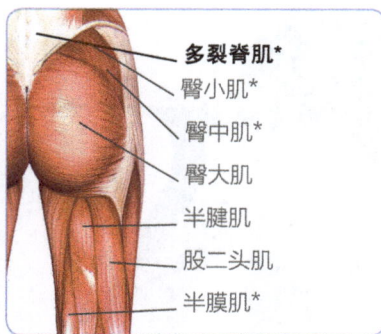

多裂脊肌*
臀小肌*
臀中肌*
臀大肌
半腱肌
股二头肌
半膜肌*

胸小肌*
胸大肌
前锯肌
腹直肌
腹外斜肌
腹内斜肌*
腹横肌*

变化练习
降低难度： 不使用实心健身球
（如右图所示）。
增加难度： 将一条腿从实心健身球上抬起。

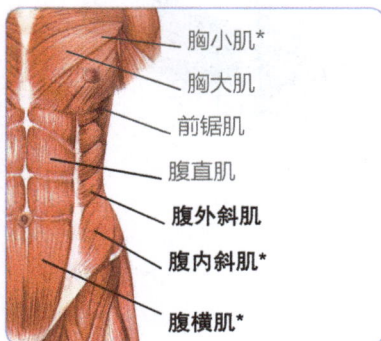

解析关键
黑体字代表目标肌肉
灰色字体代表其他运动到的肌肉
*代表深层肌肉

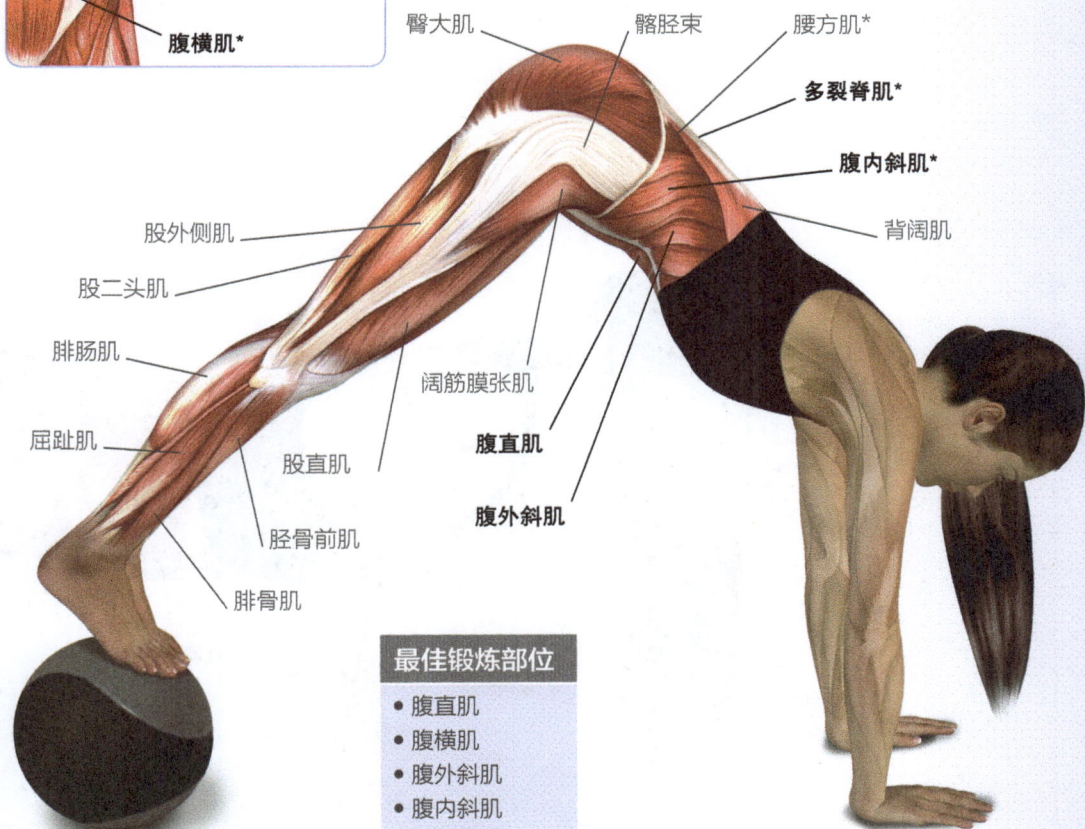

臀大肌
髂胫束
腰方肌*
多裂脊肌*
腹内斜肌*
背阔肌

股外侧肌
股二头肌
腓肠肌
屈趾肌
股直肌
胫骨前肌
腓骨肌
阔筋膜张肌
腹直肌
腹外斜肌

最佳锻炼部位
- 腹直肌
- 腹横肌
- 腹外斜肌
- 腹内斜肌
- 多裂脊肌

平板支撑

① 四肢撑在地板上。

锻炼目标
- 腹直肌
- 竖脊肌
- 腹斜肌

益处
- 增加整个身体核心的力量

变化练习
增加难度： 将一只脚从地面抬起挑战更高难度。

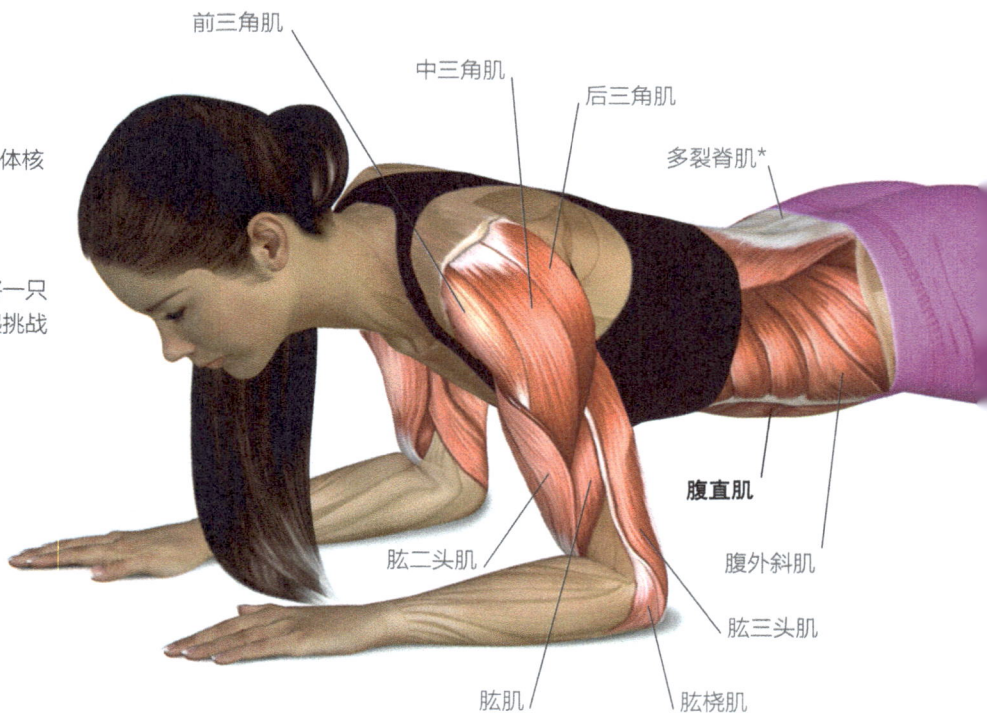

前三角肌

中三角肌

后三角肌

多裂脊肌*

腹直肌

腹外斜肌

肱三头肌

肱二头肌

肱肌

肱桡肌

② 将前臂撑在地上，相互平行，然后将双膝抬离
地面，伸直双腿，直到双腿和身体成一条直
线。

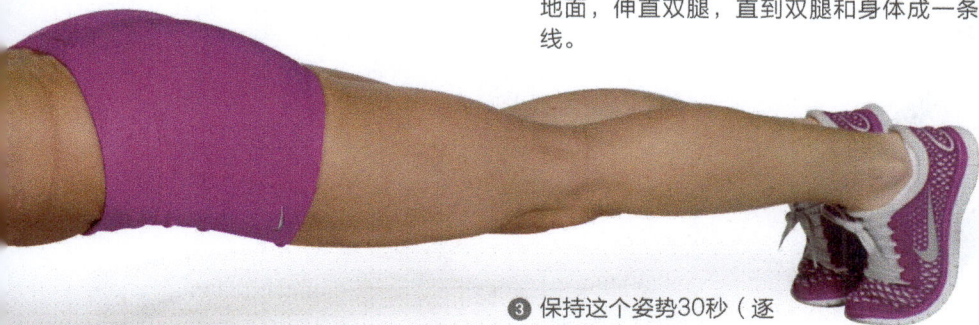

③ 保持这个姿势30秒（逐
步增加至120秒）。

正确做法
- 保持腹部肌肉紧致，使
身体成一条直线

避免
- 撑起过高，从而使肌肉
负担过重

解析关键
黑体字代表目标肌肉
灰色字体代表其他运动
到的肌肉
*代表深层肌肉

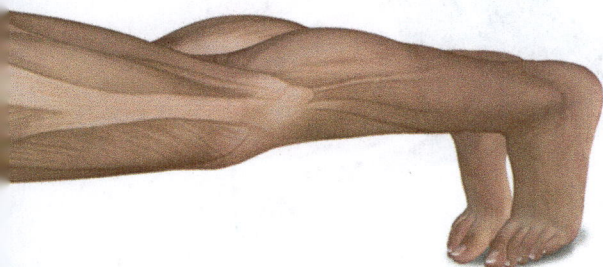

菱形肌
竖脊肌*
背阔肌
多裂脊肌*

胸大肌
前锯肌
腹直肌
腹外斜肌
腹内斜肌*
腹横肌*

最佳锻炼部位
- 腹直肌
- 竖脊肌

121

侧面平板支撑

① 双腿伸直右侧卧，一条腿叠放在另一条腿上。右臂成90度角弯曲，手指朝向地面。左臂放于左大腿侧面。

锻炼目标

- 下腹肌
- 竖脊肌
- 三角肌

益处

- 增强腹部、下背部和肩部的力量。

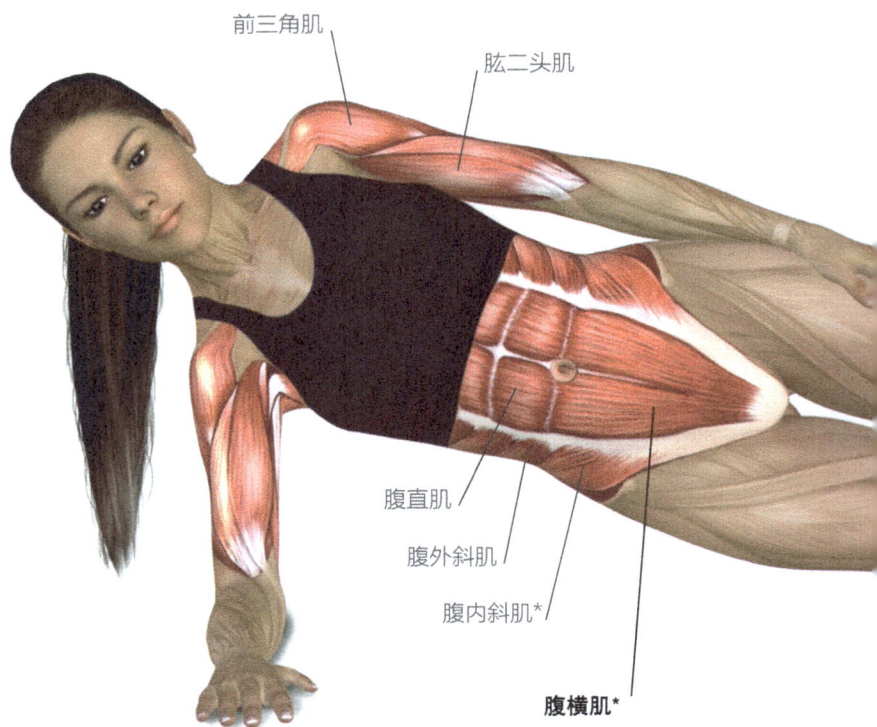

前三角肌

肱二头肌

腹直肌

腹外斜肌

腹内斜肌*

腹横肌*

变化练习

变化练习

降低难度: 像锚一样运用平放的手臂,帮助身体提升。

增加难度: 在保持姿势的同时稍微张开双腿(如右图所示)。

❷ 推出右前臂,使大腿侧面抬离地面,直到身体成一条直线。保持这个姿势30秒(逐步增加至60秒),然后换到左边重复整个动作。

最佳锻炼部位
- 腹横肌
- 竖脊肌

正确做法
- 推出时前臂和大腿侧面均匀用力

避免
- 肩部过于紧致

解析关键

黑体字代表目标肌肉
灰色字体代表其他运动到的肌肉
*代表深层肌肉

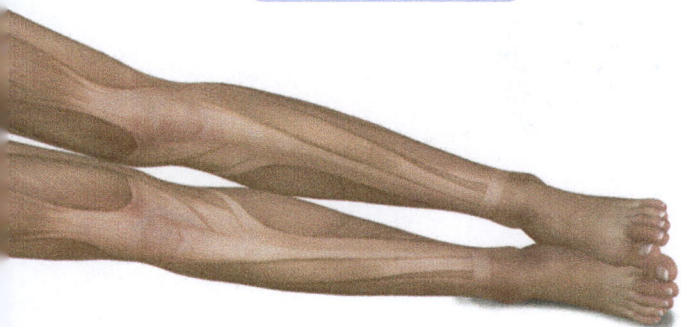

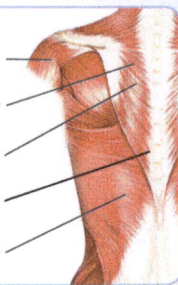

后三角肌
斜方肌
大圆肌
竖脊肌*
背阔肌

T字支撑

正确做法
- 保持身体成一条直线

避免
- 背部呈拱形或桥形

❶ 采用俯卧撑完成的姿势，双臂伸直，手掌向前，用脚趾支撑身体。

锻炼目标
- 腹部肌肉
- 大腿侧面
- 下背部
- 腹斜肌

益处
- 增加腹部肌肉、大腿侧面肌肉、下背部和腹斜肌的力量

❷ 保持身体成一条直线，使右大腿外侧向上旋转，左脚叠在右脚上。从身前向侧面抬起左臂，直至左臂指向天花板。保持这个姿势30秒（逐步增加至60秒）。回到开始时的姿势，然后换另一侧重复整个动作。

指屈肌*
掌长肌
肱二头肌
前三角肌
肱三头肌
腹直肌
腹横肌*
阔筋膜张肌
缝匠肌
腹外斜肌
腹内斜肌*
耻骨肌*
尺侧腕屈肌
内收长肌
内收大肌

最佳锻炼部位
- 腹直肌
- 腹横肌
- 阔筋膜张肌
- 缝匠肌
- 髂腰肌
- 髂肌
- 髂胫束
- 多裂脊肌
- 腰方肌

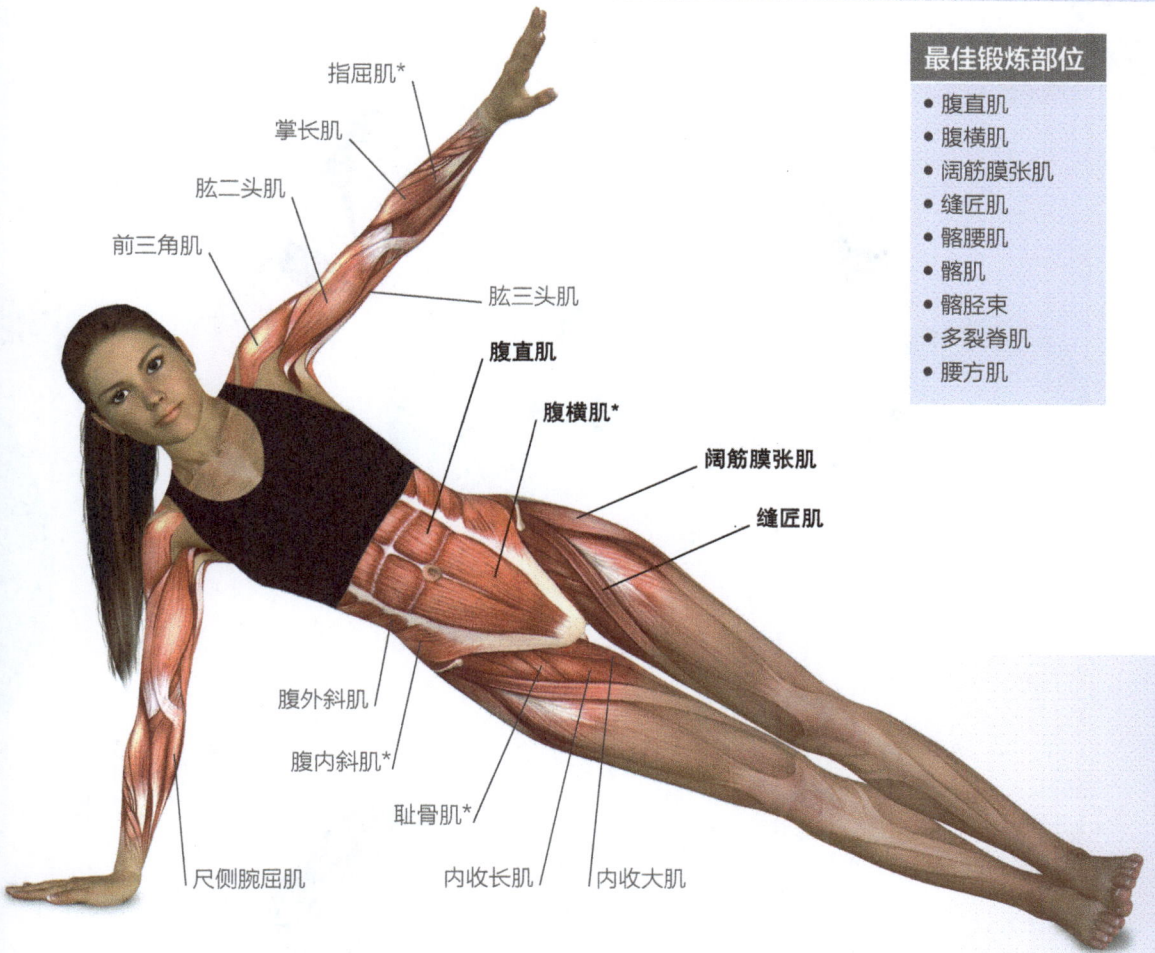

解析关键

黑体字代表目标肌肉
灰色字体代表其他运动
到的肌肉
*代表深层肌肉

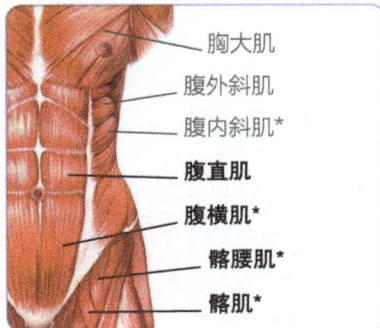

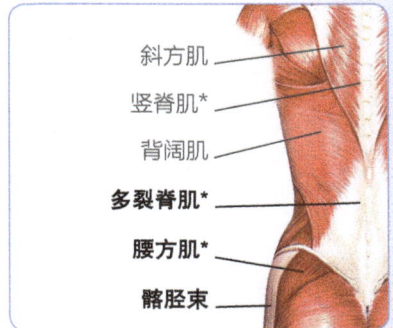

胸大肌
腹外斜肌
腹内斜肌*
腹直肌
腹横肌*
髂腰肌*
髂肌*

斜方肌
竖脊肌*
背阔肌
多裂脊肌*
腰方肌*
髂胫束

瑞士球前推

① 在一个瑞士球前采用跪姿，将双手放在瑞士球上，高度和胯部齐平。

② 缓慢地将球向前推，同时伸展身体。

锻炼目标
- 腹部
- 下背部
- 腹斜肌

益处
- 帮助增强身体核心的稳定性

变化练习

降低难度：用双脚顶住一个坚实的表面来获得额外的支撑。

③ 持续推球直至身体完全伸展，保持背部平直，双膝在地面不动。然后运用腹部和下背部肌肉将球向回滚，回到开始的姿势。

正确做法
- 在整个动作中保持身体伸展

瑞士球前推·体能训练

背阔肌

腹外斜肌

腹内斜肌*

臀大肌

阔筋膜张肌

股二头肌

腹直肌

腹横肌*

缝匠肌

股中间肌*

股直肌

股内侧肌

股外侧肌

解析关键

黑体字代表目标肌肉

灰色字体代表其他运动到的肌肉

*代表深层肌肉

避免

- 弓起背部或胯部松弛

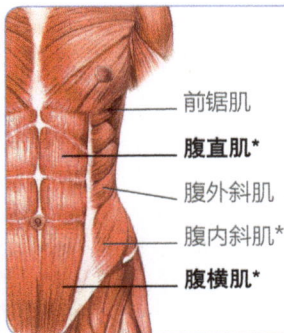

前锯肌

腹直肌*

腹外斜肌

腹内斜肌*

腹横肌*

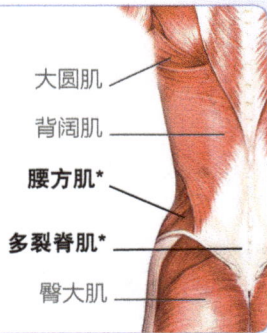

大圆肌

背阔肌

腰方肌*

多裂脊肌*

臀大肌

瑞士球折叠

① 用四肢支撑身体，双手分开与肩同宽。抬起左腿放在瑞士球上，然后右腿做同样的动作。这样就形成一个俯卧撑姿势，两条小腿放在健身球上。

锻炼目标
- 髋部屈肌
- 腹直肌
- 竖立肌
- 腹斜肌

益处
- 增加髋部屈肌、腹直肌、竖立肌的力量

变化练习
增加难度：使一条腿离开健身球来增加阻力。

正确做法
- 用你的身体重心支撑

避免
- 使背部弯曲

② 弯曲双膝，使健身球尽可能向胸部滚动，然后向后伸展双腿，回到开始的姿势。重复完成整个动作20次。

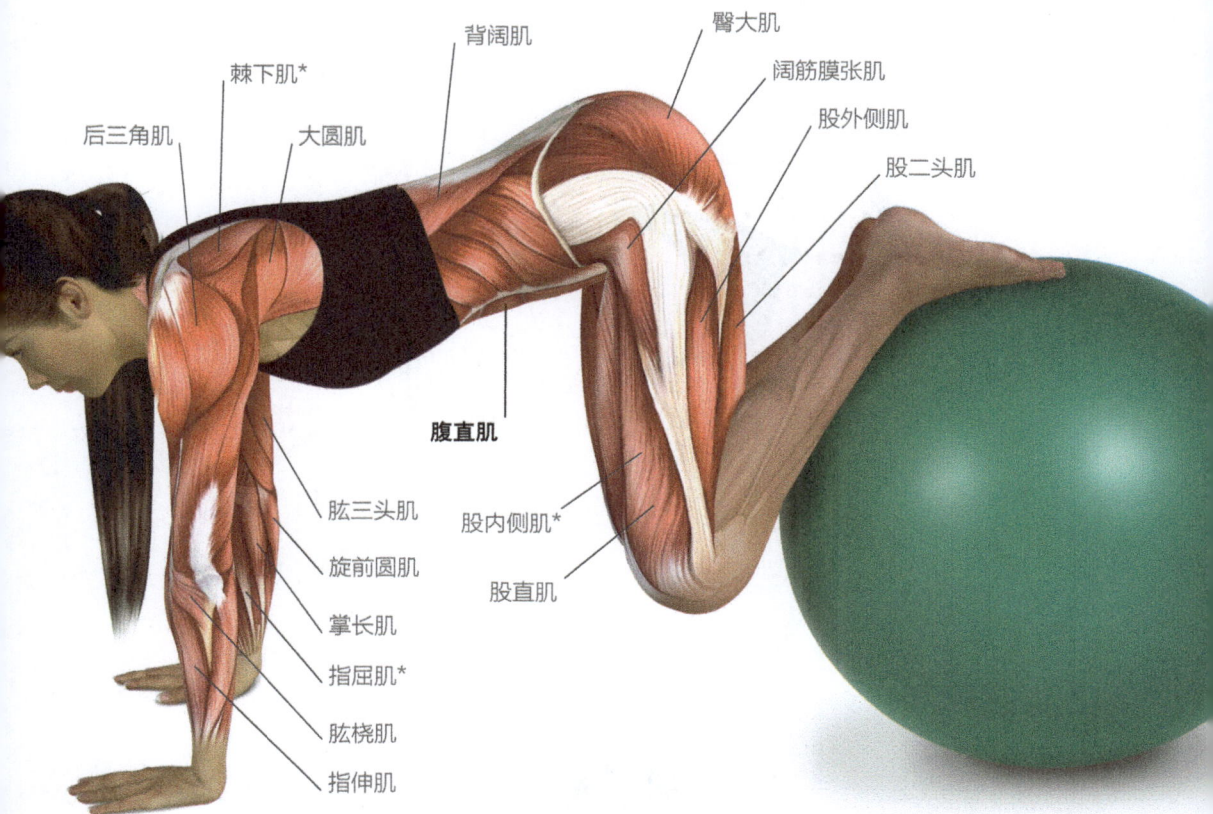

棘下肌*
背阔肌
臀大肌
阔筋膜张肌
股外侧肌
股二头肌
后三角肌
大圆肌
腹直肌
肱三头肌
旋前圆肌
掌长肌
指屈肌*
肱桡肌
指伸肌
股内侧肌*
股直肌

解析关键

黑体字代表目标肌肉

灰色字体代表其他运动
到的肌肉

*代表深层肌肉

最佳锻炼部位

- 缝匠肌
- 髂腰肌
- 髂肌
- 腹直肌
- 竖脊肌

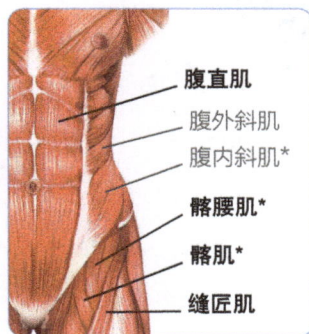

腹直肌
腹外斜肌
腹内斜肌*
髂腰肌*
髂肌*
缝匠肌

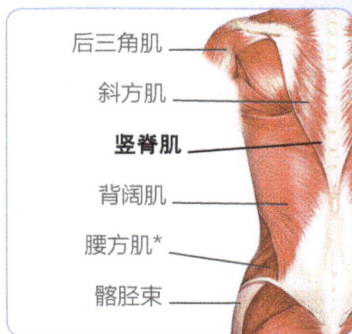

后三角肌
斜方肌
竖脊肌
背阔肌
腰方肌*
髂胫束

屈膝仰卧起坐

① 平躺双膝弯曲，使双脚尽可能收拢靠近臀部。将双手放在头上或者交叉放在胸前。

锻炼目标

- 胯部屈肌
- 腹直肌
- 背部竖肌
- 腹斜肌

益处

- 增加胯部屈肌、腹直肌、背部竖肌、腹斜肌的力量

变化练习

增加难度： 将一条腿抬离地面。

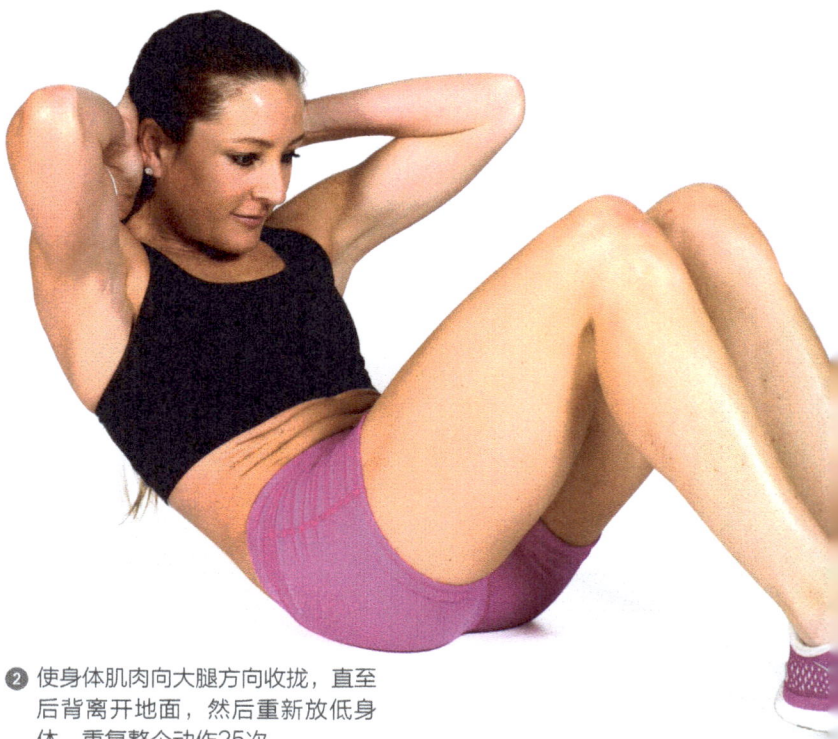

② 使身体肌肉向大腿方向收拢，直至后背离开地面，然后重新放低身体。重复整个动作25次。

正确做法
- 确保核心肌肉群参与动作，而不仅限于颈部

避免
- 使背部弯曲

最佳锻炼部位
- 缝匠肌
- 髂腰肌
- 髂肌
- 腹直肌
- 竖脊肌

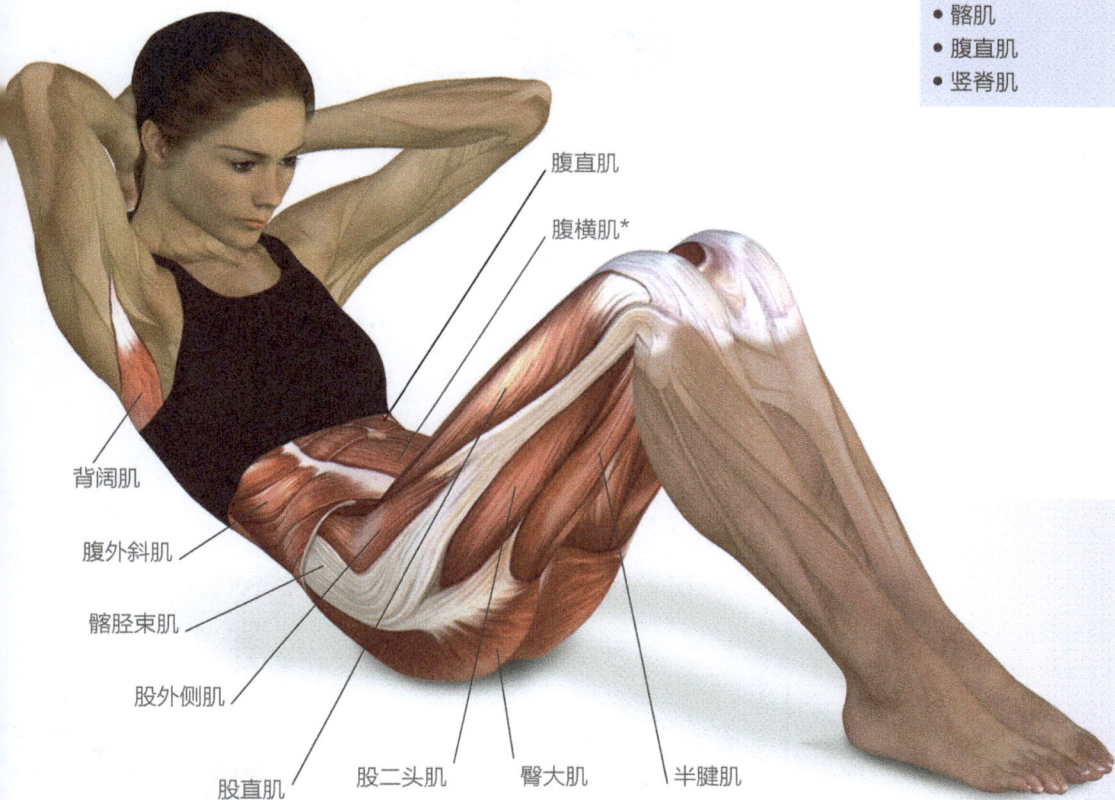

腹直肌

腹横肌*

背阔肌

腹外斜肌

髂胫束肌

股外侧肌

股直肌

股二头肌

臀大肌

半腱肌

解析关键

黑体字代表目标肌肉
灰色字体代表其他运动到的肌肉
*代表深层肌肉

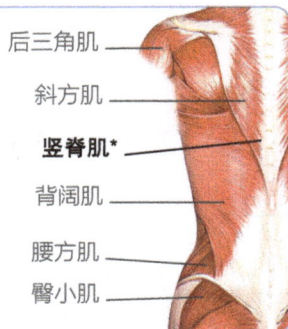

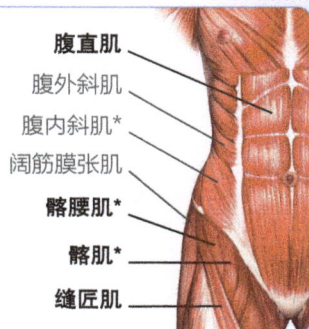

后三角肌

斜方肌

竖脊肌*

背阔肌

腰方肌

臀小肌

腹直肌

腹外斜肌

腹内斜肌*

阔筋膜张肌

髂腰肌*

髂肌*

缝匠肌

稳定手脚传球

① 平躺，将一个瑞士球放在头顶位置。向后伸出双臂，抱住健身球。

正确做法
- 保持动作的幅度

避免
- 使用冲力将你的双腿踢起来

锻炼目标
- 胯部屈肌
- 腹直肌
- 竖脊肌

益处
- 增加胯部屈肌和竖脊肌的力量。

变化练习
增加难度： 尝试用实心健身球替代瑞士球。

② 双手抱球，同时抬起上半身和大腿，使它们互相靠近。

③ 将健身球放到两腿之间，四肢放回地面，将手臂放在头旁边。

④ 重复整个动作，将瑞士球从双脚传到双手。完成整个动作15次。

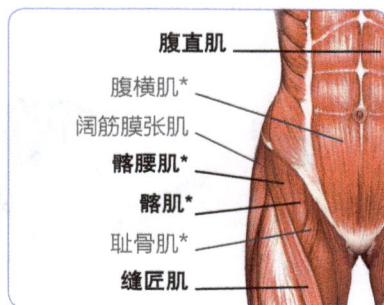

腹直肌
腹横肌*
阔筋膜张肌
髂腰肌*
髂肌*
耻骨肌*
缝匠肌

解析关键
黑体字代表目标肌肉
灰色字体代表其他运动到的肌肉
*代表深层肌肉

后三角肌
斜方肌
竖脊肌*
背阔肌
腰方肌*
臀小肌*

最佳锻炼部位
- 缝匠肌
- 髂腰肌
- 髂肌
- 腹直肌

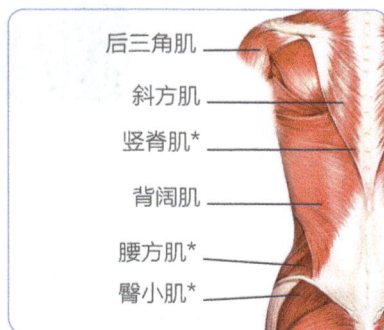

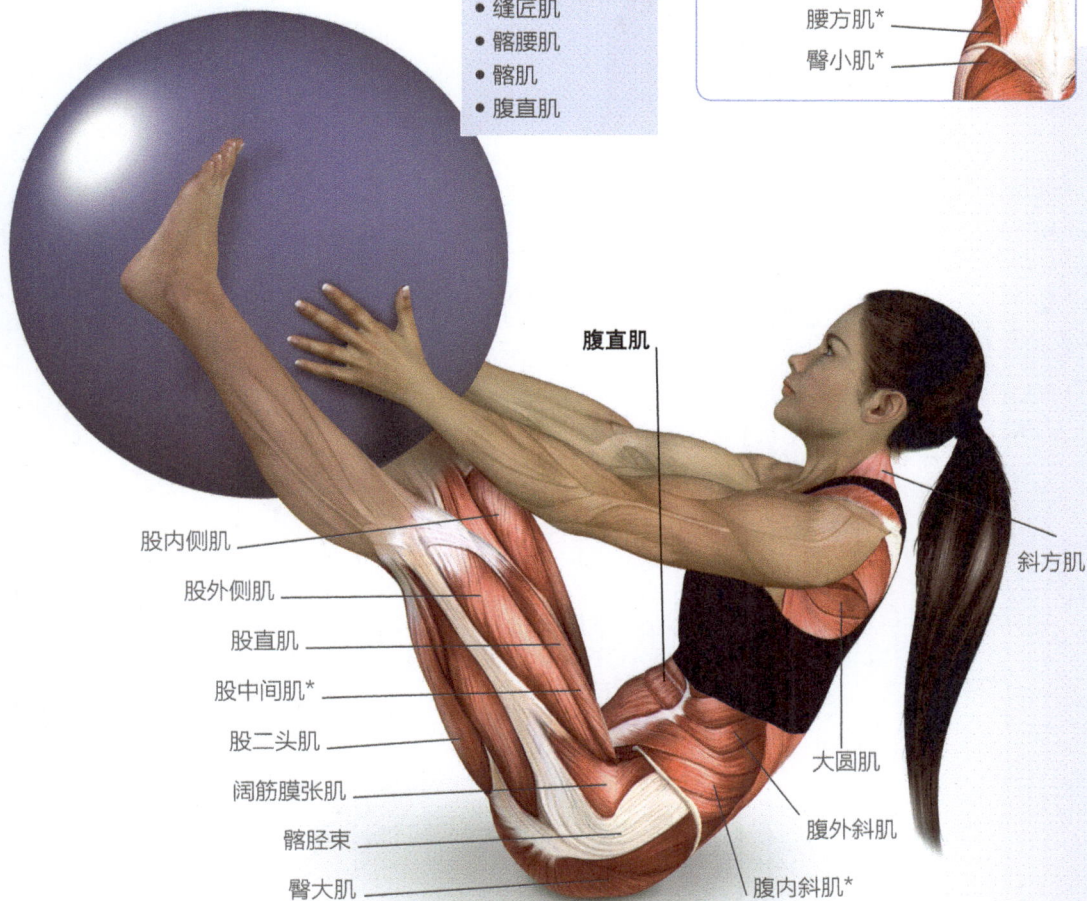

腹直肌
斜方肌

股内侧肌
股外侧肌
股直肌
股中间肌*
股二头肌
阔筋膜张肌
髂胫束
臀大肌

大圆肌
腹外斜肌
腹内斜肌*

133

实心球伐木

正确做法
- 主要锻炼部分（向下摆动）要有力度，非主要锻炼部分（向上抬升）要动作缓慢，注意控制，整个过程保持身体核心肌肉集中、紧致。

避免
- 向一边扭转过于猛烈，以致损伤背部。

锻炼目标
- 腹斜肌
- 腹直肌
- 竖脊肌

益处
- 增加腹斜肌的力量

❶ 笔直站立，双脚与肩同宽，双手抱住实心健身球，伸向头部右侧。

❷ 向左扭转身体核心，同时放低实心球到左侧大腿外侧，然后回到开始的姿势。重复20次，然后换边。

棘上肌*

棘下肌*

肱三头肌

大圆肌

后三角肌

背阔肌

小圆肌

腹直肌

腹内斜肌

腹横肌*

腹外斜肌*

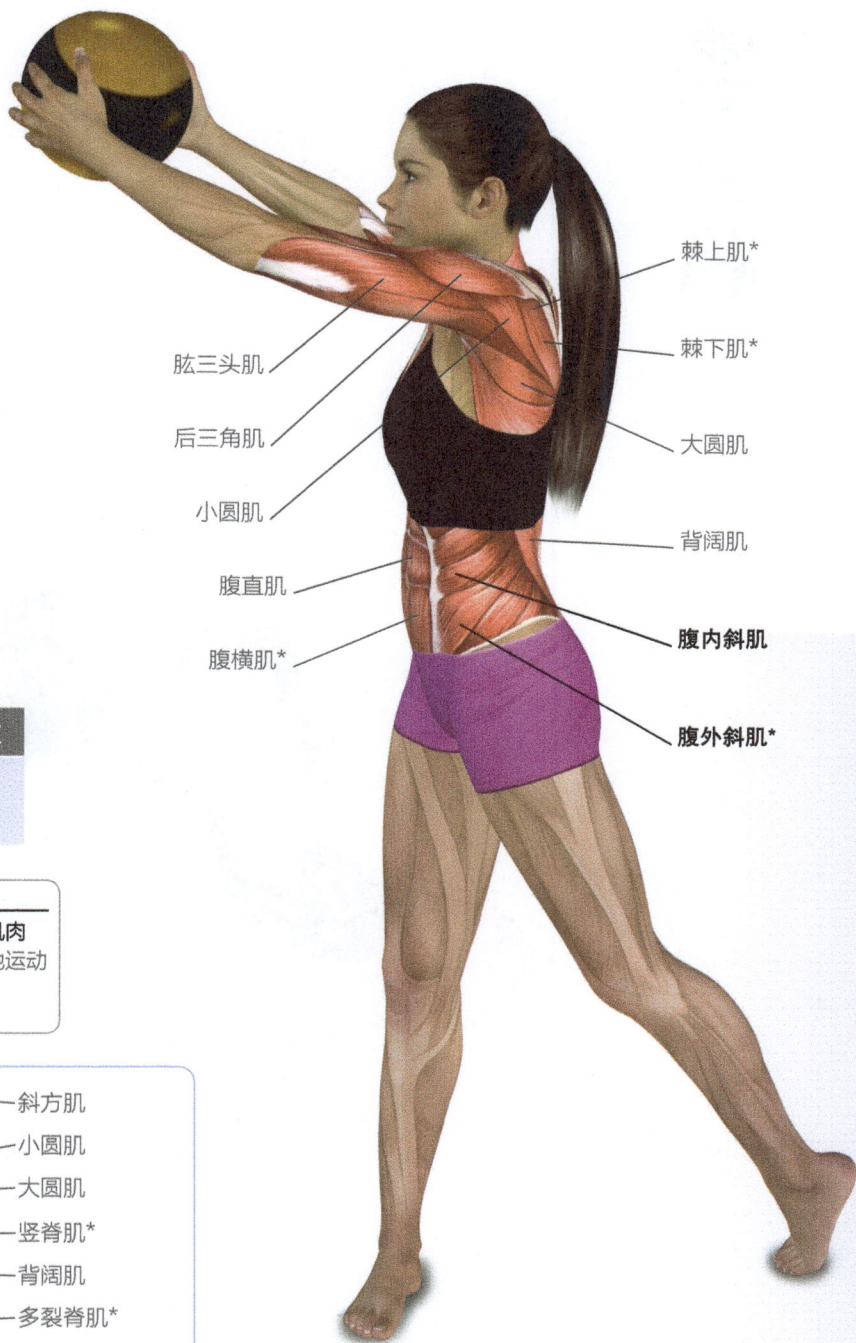

最佳锻炼部位
- 腹外斜肌
- 腹内斜肌

解析关键

黑体字代表目标肌肉
灰色字体代表其他运动
到的肌肉
*代表深层肌肉

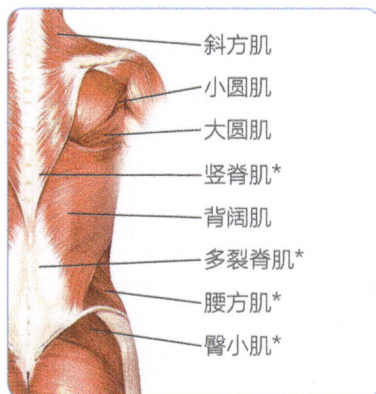

斜方肌

小圆肌

大圆肌

竖脊肌*

背阔肌

多裂脊肌*

腰方肌*

臀小肌*

实心球灌篮

① 笔直站立，双脚分开与肩同宽，双膝稍稍弯曲，伸出手臂，将一个实心健身球举过头顶。

正确做法
- 在整个动作中保持躯干平直

避免
- 背部过于弯曲

锻炼目标
- 腹直肌
- 三角肌
- 上背部

益处
- 有效地活动上部身体核心

② 保持背部平直，身体在腰部前屈，然后有力地将球扔在地上。捡起球，重复整个动作20次。

最佳锻炼部位
- 腹直肌

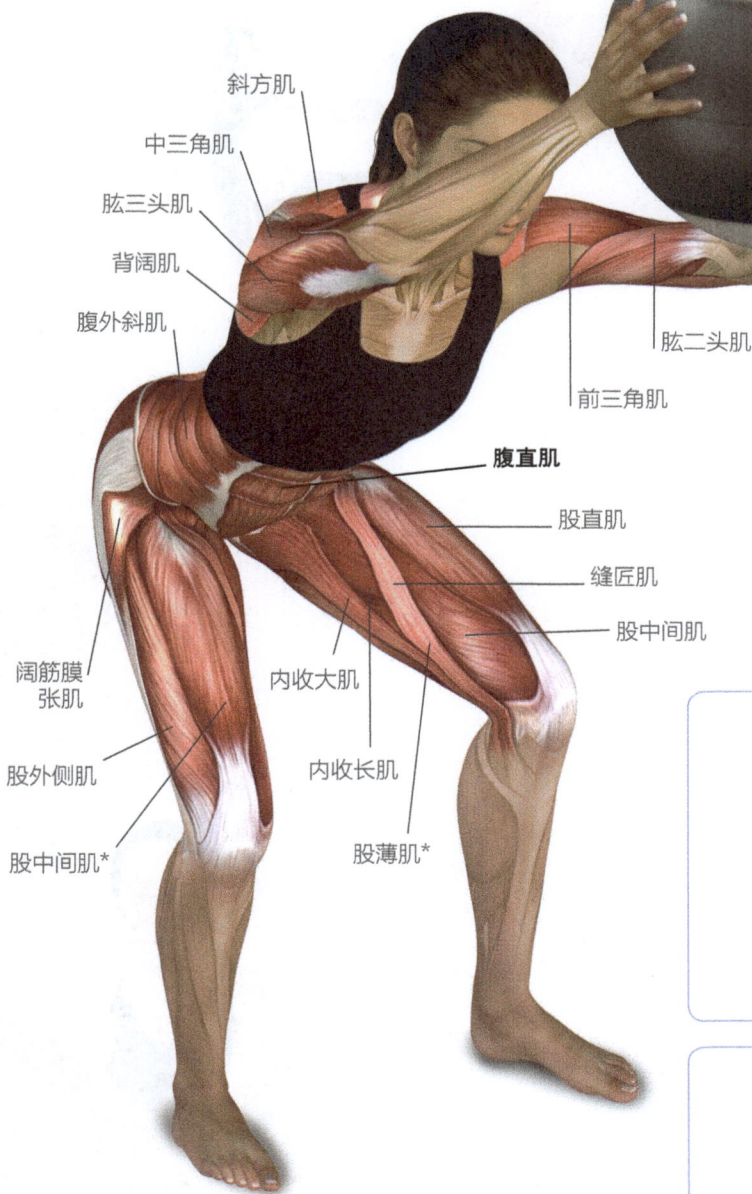

斜方肌
中三角肌
肱三头肌
背阔肌
腹外斜肌
肱二头肌
前三角肌
腹直肌
股直肌
缝匠肌
股中间肌
阔筋膜张肌
内收大肌
股外侧肌
内收长肌
股中间肌*
股薄肌*

解析关键

黑体字代表目标肌肉
灰色字体代表其他运动到的肌肉
*代表深层肌肉

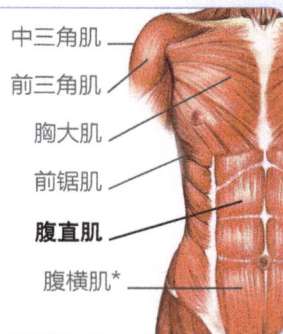

中三角肌
前三角肌
胸大肌
前锯肌
腹直肌
腹横肌*

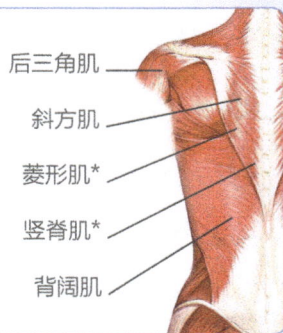

后三角肌
斜方肌
菱形肌*
竖脊肌*
背阔肌

坐姿俄式旋转

❶ 坐在地上，双腿弯曲，双膝稍微分开，双臂伸直，双手抱住一个瑞士球，后背微向前倾，活动身体核心，保持背部平直。

锻炼目标

- 腹直肌
- 腹斜肌
- 竖脊肌

益处

- 增加身体核心主要肌肉的力量。

正确做法

- 有控制地进行转身动作，速度不要太快

避免

- 背部弯曲

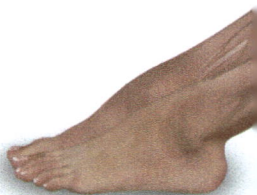

❷ 向左转动身体躯干，幅度在你感觉舒适的范围内尽可能大。

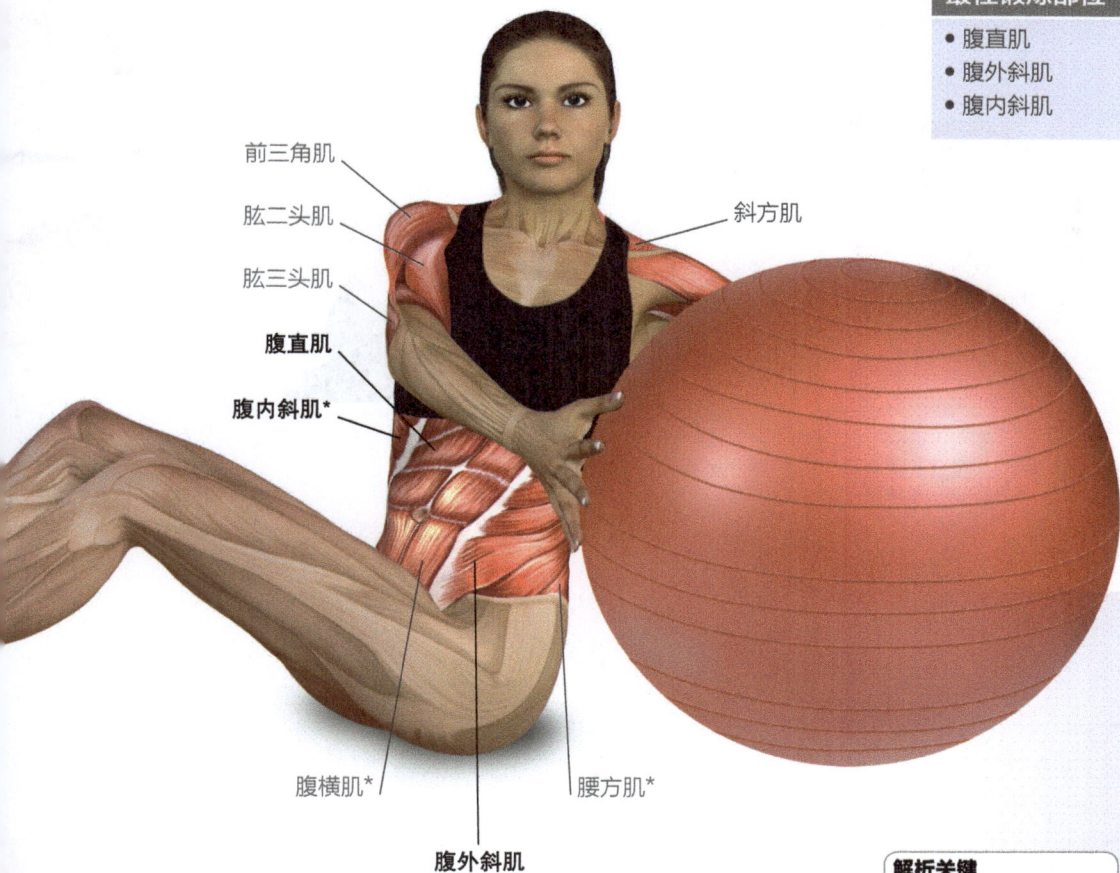

最佳锻炼部位

- 腹直肌
- 腹外斜肌
- 腹内斜肌

前三角肌

肱二头肌

肱三头肌

腹直肌

腹内斜肌*

斜方肌

腹横肌*

腰方肌*

腹外斜肌

解析关键

黑体字代表目标肌肉

灰色字体代表其他运动到的肌肉

*代表深层肌肉

❸ 缓慢地回到中间位置，幅度尽可能大地向右旋转，然后再次回到中间位置。这是一次旋转。完成整个动作20次。

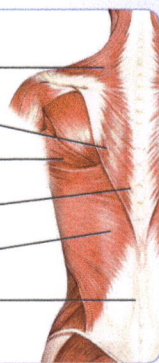

斜方肌

菱形肌*

大圆肌

竖脊肌*

背阔肌

多裂脊肌*

健身球腰部横向旋转

① 平躺，双臂向两侧伸直，将双腿放在一个瑞士球上，使臀部贴住健身球，双膝弯曲成90度直角。

锻炼目标

- 下背部
- 腹斜肌
- 腹直肌

益处

- 增加下背部和腹斜肌的力量

变化练习

增加难度： 在双腿之间放一个实心健身球增加阻力。

正确做法
- 保持身体核心处于中心位置

避免
- 过度摆动双腿

② 用腹部支撑，使腿部右侧向下方倾斜，直至腿部尽可能贴近地面，同时不要将肩部从地面抬起。

❸ 回到开始位置，然后向另一个方向转动腿部。每边完成整个动作15次。

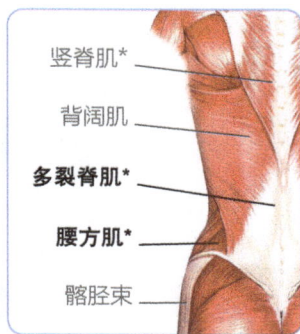

竖脊肌*

背阔肌

多裂脊肌*

腰方肌*

髂胫束

解析关键

黑体字代表目标肌肉

灰色字体代表其他运动到的肌肉

*代表深层肌肉

股中间肌

腹横肌*

腹直肌

腹外斜肌

腹内斜肌*

腰方肌*

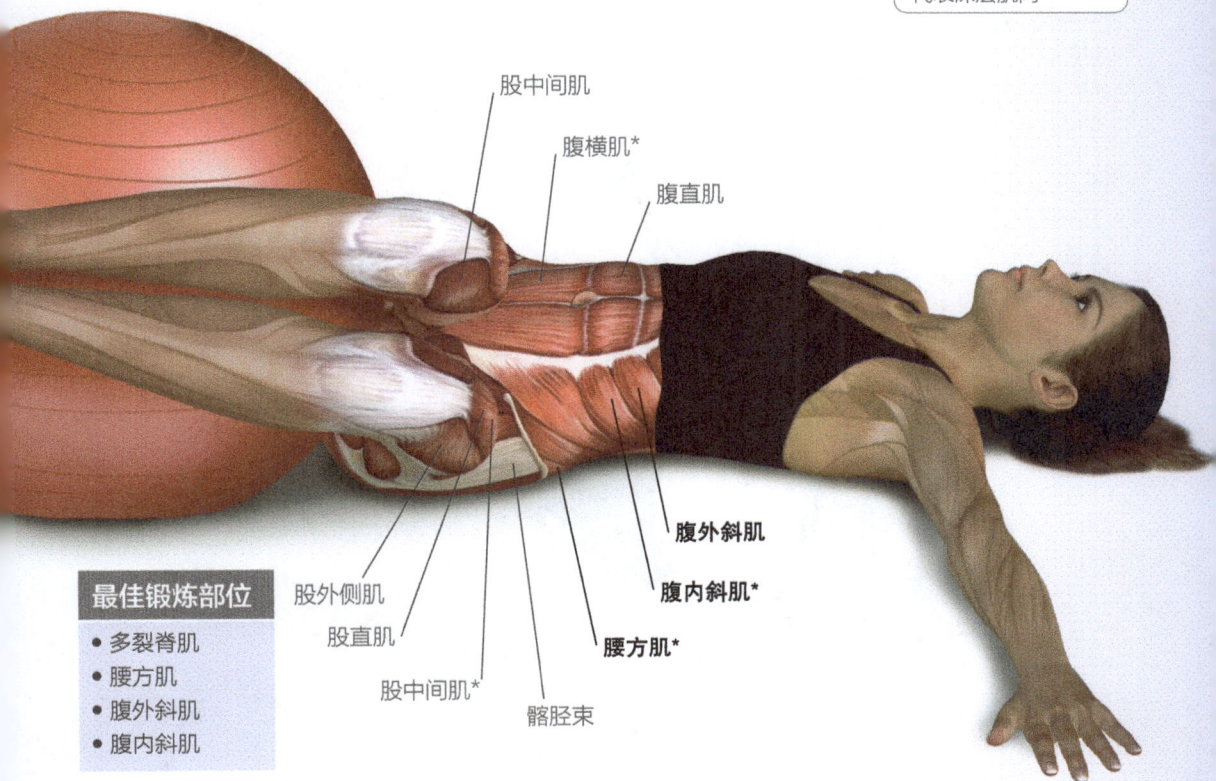

最佳锻炼部位

- 多裂脊肌
- 腰方肌
- 腹外斜肌
- 腹内斜肌

股外侧肌

股直肌

股中间肌*

髂胫束

腹部收缩拉力器

① 开始时采用跪姿，背对一个配重拉力健身器，将配重设定为中等阻力，将一个绳圈绕在拉力健身器的连接绳上。

② 将绳圈松套在颈部，用双手握住绳圈。

正确做法
- 在整个动作中保持身体核心紧致

避免
- 过度摆动背部

锻炼目标
- 腹直肌
- 腹斜肌
- 竖脊肌

益处
- 增加腹部肌肉的力量

变化练习
增加难度：尝试从一边拉到另一边增加阻力

③ 腰部向前弯曲，保持颈部紧绷，向前拉，直到肘部碰到膝盖，收缩腹部肌肉，然后回到开始的姿势。重复完成整个动作30次。

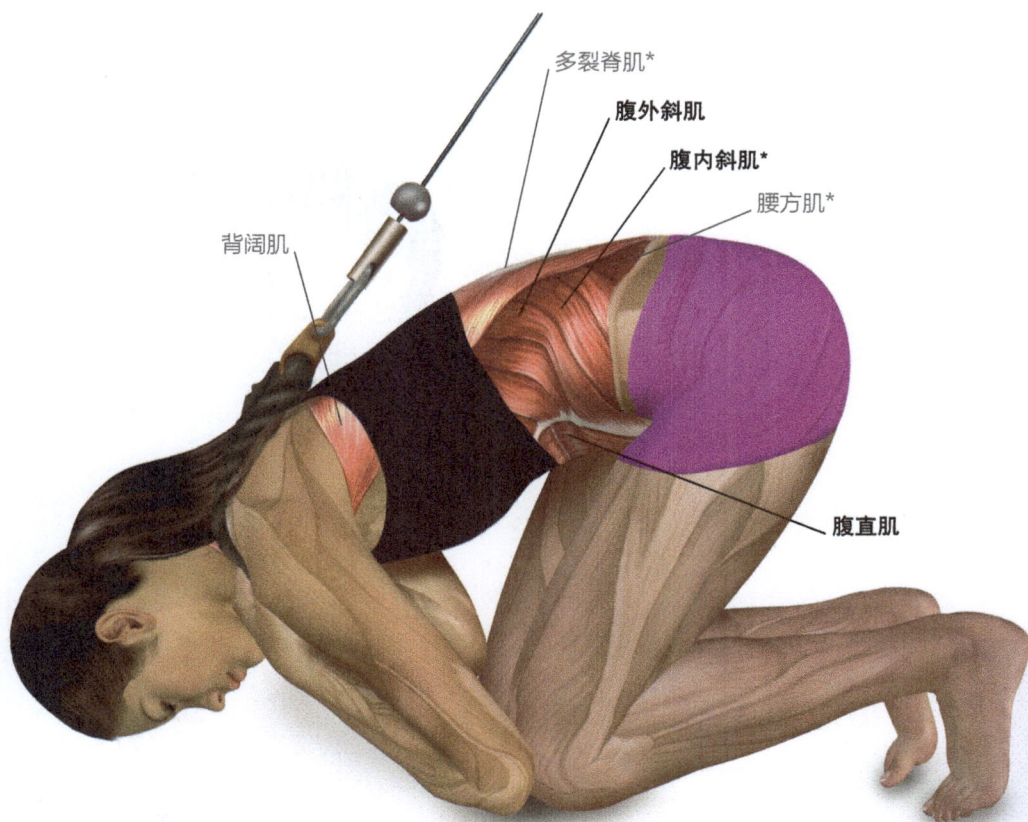

多裂脊肌*

腹外斜肌

腹内斜肌*

腰方肌*

背阔肌

腹直肌

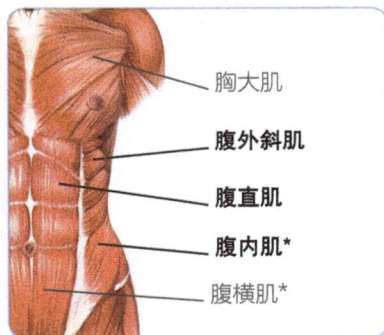

胸大肌

腹外斜肌

腹直肌

腹内肌*

腹横肌*

最佳锻炼部位

- 腹直肌
- 腹外斜肌
- 腹内斜肌

解析关键

黑体字代表目标肌肉
灰色字体代表其他运动
到的肌肉
*代表深层肌肉

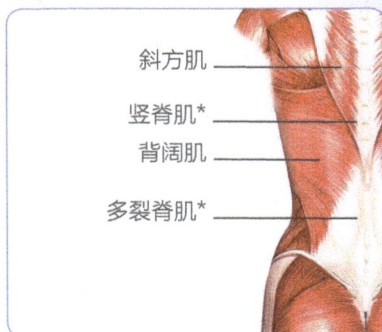

斜方肌

竖脊肌*

背阔肌

多裂脊肌*

训练计划

以下这些基于不同主题的训练计划能够帮助你完成大部分的力量和体能训练。在训练过程中，应该总是尽全力完成而不是仓促完成。你同时应该留出充足的时间，确保每个动作的效果尽可能好。进一步挑战自我，尽自己最大的能力完成每一个动作，而不是试图更快地完成一系列动作。祝你训练愉快！

初学者训练计划

就像名字一样，这个训练计划适合所有人，尤其是刚开始接触力量和体能训练的人。

❶ 杠铃深蹲，第28页

❷ 杠铃硬拉，第32页

❸ 杠铃仰卧推举，第34页

❺ 屈臂支撑，第48页

❹ 站姿杠铃推举，第40页

⑥ 深跳，第88页

⑦ 向后弓步，第102页

⑧ 套头衫传球，第116页

⑨ 平板支撑，第120页

⑩ 瑞士球前推，第126页

运动训练计划

此训练计划注重柔韧性，以改善运动表现。

❶ 壶铃交替俯卧撑划船，第64页

❷ 高级壶铃风车，第72页

❸ 壶铃8字绕腿，第74页

❹ 横向弹跳，第90页

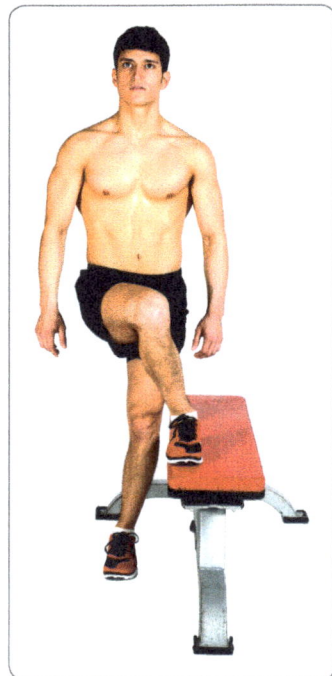

❺ 交叉腿上凳，第100页

⑥ 滑雪者，第110页

⑦ T字支撑，第124页

⑧ 实心球伐木，第134页

⑨ 坐姿俄式旋转，第138页

⑩ 健身球腰部横向旋转，第140页

混合训练计划

此训练计划使用了多种不同的健身器械，以进行力量训练和体能训练。

① 杠铃深蹲抓举，第30页

② 哑铃曲臂上提，第46页

③ 反握颈前引体向上，第52页

④ 壶铃交替上推，第66页

⑤ 增强壶铃俯卧撑，第70页

⑥ 拉力器横向拉伸，第78页

⑦ 健身箱跳，第94页

⑧ 土耳其式起身，第112页

⑨ 瑞士球折叠，第128页

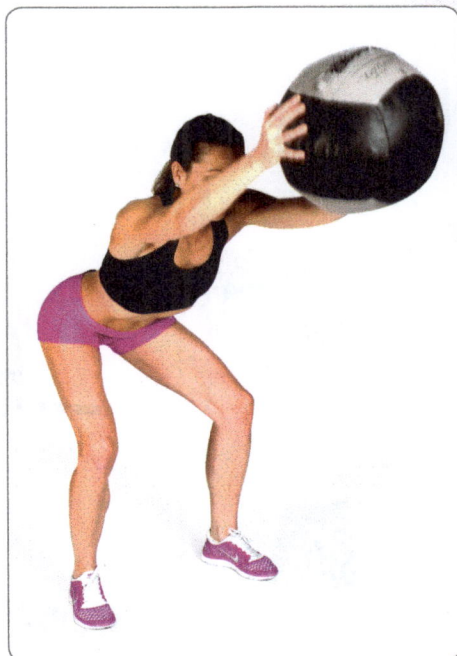

⑩ 实心球灌篮，第136页

幅度训练计划

此系列训练意在改善柔韧性、抓握能力和运动幅度。

① 杠铃硬拉，第32页

② 哑铃曲臂上提，第46页

③ 杠铃挺举，第38页

④ 屈臂支撑，第48页

⑤ 高滑轮下拉，第54页

⑥ 拉力器外侧旋转，第82页

⑦ 臀部拉力器拉伸，第84页

⑧ 瑞士球折叠，第128页

⑨ 稳定手脚传球，第132页

⑩ 腹部收缩拉力器，第142页

综合训练计划

此训练计划融合了多种书中涉及的不同的运动器械。

❶ 杠铃挺举，第38页

❷ 哑铃曲臂上提，第46页

❸ 屈臂支撑，第48页

❹ 壶铃交替划船，第62页

❺ 高级壶铃风车，第72页

6 臀部拉力器拉伸，第84页

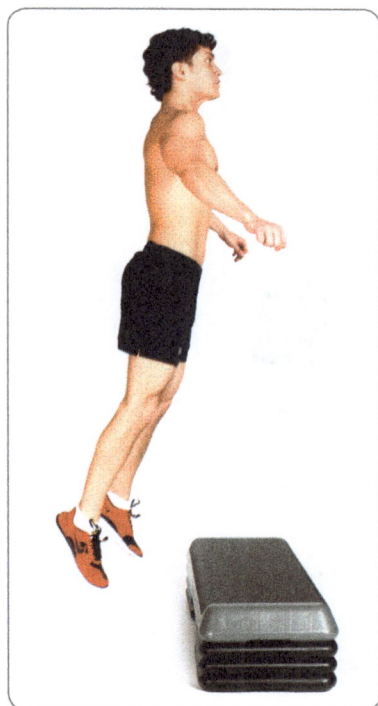

7 健身箱跳，第94页

8 土耳其式起身，第112页

9 实心健身球成角推起，第118页

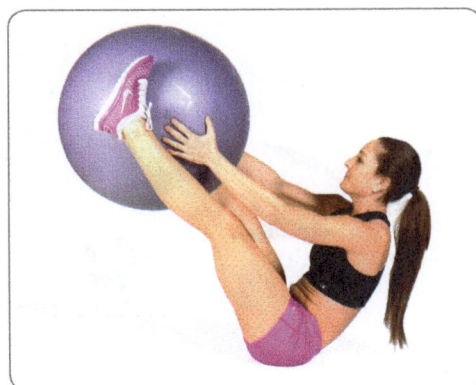

10 稳定手脚传球，第132页

神风训练计划

此计划是为多种诉求的训练者准备的，他们往往希望将力量、体能、稳定性、敏捷度和运动能力最大化。

① 杠铃挺举，第38页

② 屈臂支撑，第48页

③ 反握颈前引体向上，第52页

④ 壶铃交替俯卧撑划船，第64页

⑤ 增强壶铃俯卧撑，第70页

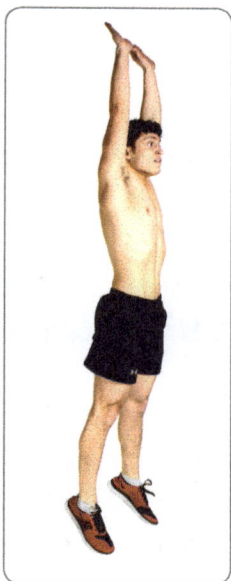

⑥ 立卧撑跳，第96页　　⑦ 登山者，第104页　　⑧ 星型跳，第106页

⑨ 滑雪者，第110页

⑩ 实心健身球成角推起，第118页

术语表

abduction（外展）：离开身体的动作。

adduction（内传）：朝向身体的动作。

anterior（前方）：位于前方。

cardiovascular exercise（位于前部心血管功能练习）：增加心跳频率、使富含氧气和营养的血液到达运动肌肉的任何练习。

core（核心肌肉群）：分布在脊柱附近为整个身体提供结构支撑的深层肌肉层。核心肌肉群又分为主要核心肌肉群和次要核心肌肉群。主要核心肌肉群在躯干部位，包括腹部，中、下背部肌肉。这个区域包括盆底肌肉群（提肛肌、耻尾肌、髂尾肌、耻骨直肠肌和尾骨肌），腹部肌肉群（腹直肌、腹横肌、腹外斜肌和腹内斜肌），脊柱伸肌群（多裂脊肌、竖脊肌、夹肌、背最长肌和半棘肌）和横膈膜。次要核心肌肉群包括背阔肌、臀大肌和斜方肌（上、中和下）。这些小核心肌肉在身体进行需要加入稳定性的活动或运动时帮助大核心肌肉工作。

crunch（仰卧起坐）：一种常见的腹部锻炼方式，需要双肩弯向骨盆方向，同时采用仰卧姿势，双手置于头后，双膝弯曲。

curl（弯举）：一种练习方法，通常的锻炼目标是肱二头肌。这种练习需要使负重弧线移动，形成"弯曲"的动作。

deadlift（硬拉）：一种练习动作，需要从地面举起负重（比如杠铃），这个动作开始于一种稳定的体前屈姿势。

dumbbell（哑铃）：一种基础健身器械。哑铃由一根短哑铃杆和固定在杆上的负重片组成。锻炼者可以在练习中用单手或双手使用哑铃。大多数健身房提供哑铃片焊接在杆上的哑铃，在哑铃片上标出负重的千克数，但是大多数哑铃倾向于家庭使用，采用可以移动的负重片，使你可以调整哑铃的重量。

dynamic exercise（动态运动）：一种涉及关节和肌肉运动的锻炼方法。

extension（伸展）：一种伸出运动。

extensor muscle（伸肌）：使身体一部分向离开身体的方向伸出的肌肉。

flexion（屈曲）：弯曲某关节。

flexor muscle（屈肌）：减小两根骨头之间角度的肌肉，比如在肘部弯曲手臂或者向腹部抬起大腿。

fly（飞）：一种练习动作，要求双手和双臂做曲线运动，同时肘部保持一定角度。飞的运动作用于上半身的肌肉。

illotibial band（髂胫束）：一个厚实的纤维组织束，从上至下生长于腿部外侧，起点是胯部，伸展至胫骨外侧，膝关节下方。髂胫束连接起数条大腿肌肉，为膝关节外侧提供稳定作用。

lateral（外侧）：位于或伸向外侧。

medial（内侧）：位于或伸向中间。

medicine ball（实心健身球）：一种较轻的健身球，用于重量训练和强化练习。

neutral position (spine)［中性位置（脊柱）］：脊柱S型姿势，包括从侧面看时的骶椎后凸（向后弯曲）。

posterior（后方）：位置在后面的。

press（推送）：一种健身动作，使负重或其他阻力远离身体。

range of motion（动作幅度）：关节在伸位和屈位之间可以移动的方向和距离。

resistance band（阻力拉绳）：一种橡胶管或扁平带状健身器械，用于力量训练提供阻力，又叫做"健身带"、"拉伸带"或"拉管"。

rotator muscle（旋转肌肉）：一组帮助关节旋转的肌肉，比如胯部和肩部关节。

scapula（肩胛骨）：位于中背部到上背部之间的突出的骨头，也被叫做"肩胛"（shoulder

blade）

squat（**深蹲**）：一种健身练习，要求臀部后挺，膝盖胯部弯曲，躯干降低（如果需要，可以配合使用负重），然后回到笔直站立姿势。深蹲的首要锻炼目标是大腿、胯部和臀部肌肉，同时也会锻炼到腿后腱。

static exercise（**静态练习**）：一种等距形式的练习，不需要关节参与，需要保持一种姿势一段特定的时间。

Swiss ball（**瑞士球**）：一种有弹性的可充气的PVC塑料球，周长大约在35至86厘米，用于力量练习、物理治疗、平衡训练和其他训练方法。也叫"平衡球""健身球""稳定球""练习球""健身房球""理疗球""身体球"等。

warm-up（**热身**）：各种形式的低强度、短时长练习，以使身体为更加大强度的运动做准备。

weight（**负重**）：是指负重片或负重堆，或者杠铃或哑铃上实际标出的重量值。

工作人员和致谢

摄影

本书摄影出自美术图片社（FineArtsPhotoGroup.com）

模特：米格·凯瑞拉，塔拉·迪卢卡

制图

全部大型图片自海克特·爱扎/3D 动画工作室，印度，除了全书中的插图、第12页和第13页的全身解剖图外，作者是琳达·巴克林/Shutterstock。

致谢

作者和出版社同时感谢那些在本书的编著过程中深度参与的人：莫斯利路主席肖恩·摩尔，总经理凯伦·普林斯，艺术主管缇娜·沃冈，编辑主管戴门·摩尔，设计和产品经理亚当·摩尔；Sands出版解决公司编辑大卫和和西尔维娅·托姆贝西·沃顿和设计师西蒙·姆瑞尔。

致谢

本书献给两位与我最亲密的人：我的兄弟马歇尔·M.利伯曼，他的建议、诚恳、乐于倾听，证明了家族纽带如此的强大。我最好的朋友詹姆斯·J.凯普，感谢他给予我的力量、勇气、友谊、爱和无尽的支持。